Ekkehard Martens   **Platon**

Ausgangs- und Zielpunkt der Philosophie Platons (ca. 427–347 v. Chr.) ist die Frage danach, was das gute Leben wirklich ist. Daran knüpfen sich die Fragen an, wie wir Wirklichkeit oder die Ideen erkennen können, welche berechtigten Hoffnungen wir haben und was wir als Menschen sind. Mit seiner Anthropologie hat Platon das humanistische, gegenwärtig als Eurozentrismus oder bloße Illusion heftig kritisierte Menschenbild begründet, nach dem wir uns als Individuen frei und selbstverantwortlich an vernünftigen Gründen orientieren können. Dabei steht vor allem Platons Universalienproblem zur Diskussion, ob und wie wir uns in unserem Denken und Handeln auf »dasselbe« als verbindliches »Allgemeines« beziehen können.

Ekkehard Martens, geboren 1943, ist Professor für Didaktik der Philosophie und Alten Sprachen an der Universität Hamburg.
Buchpublikationen u. a.: Pragmatismus. Ausgewählte Texte (Hg.; 1992, zuerst 1975); Philosophieren mit Kindern (1999); Sokrates. Eine Einführung (2004, zuerst 1992); Methodik des Ethik- und Philosophieunterrichts (2003). Platon-Übersetzungen: Charmides (2000, zuerst 1977), Theätet (2003, zuerst 1981), Parmenides (2001, zuerst 1987).

Grundwissen Philosophie

Platon

von

Ekkehard Martens

Philipp Reclam jun. Stuttgart

RECLAM TASCHENBUCH Nr. 20325
Alle Rechte vorbehalten
© 2009 Philipp Reclam jun. GmbH & Co., Stuttgart
Reihengestaltung Grundwissen Philosophie:
Gabriele Burde
Satz: Steffi Glauche, Leipzig
Druck und Bindung: Reclam, Ditzingen
Printed in Germany 2009
RECLAM ist eine eingetragene Marke
der Philipp Reclam jun. GmbH & Co., Stuttgart
ISBN 978-3-15-020325-5

www.reclam.de

Inhalt

Für Tini

Vorbemerkungen

In einem einführenden, schmalen Buch können nicht alle Schriften und Themen Platons auch nur annähernd zur Sprache kommen. Vielmehr können nur seine wichtigsten Fragen und Antworten herausgearbeitet werden. Als Leitfragen an Platons Schriften dienen die vier Kant-Fragen: was wir wissen können, tun sollen, hoffen dürfen und was der Mensch ist. Diese Fragen lassen sich der Sache nach bereits bei Platon wiederfinden. Für ihn kam eine Orientierung an der versunkenen Götterwelt der Mythen Homers nicht mehr infrage. Vielmehr vertraute er im Prozess der beginnenden griechischen Aufklärung auf das Selberdenken des Menschen. Allerdings lehnte er ein Selberdenken im Sinne eines relativistischen Nützlichkeitsdenkens, wie er es den Sophisten vorwarf, ab. Zwar fragte auch Platon nach dem Nutzen des Denkens und Handelns. Er versuchte aber zu zeigen, dass wir nur dann nützlich denken und handeln können, wenn wir uns auf die verbindliche Wirklichkeit der Ideen beziehen.

Was aber Ideen sind, wie wir sie erkennen und wie wir sie auf unser Leben beziehen können, hat Platon zeit seines Lebens beschäftigt. Die Vorstellung, es gäbe von den Sinnendingen abgetrennte, »jenseitige« geistige Gegenstände, die man in einem intuitiven Akt erkennen und als Orientierung für das Denken und Handeln benutzen könne, ist zentral für eine bis heute wirkungsmächtige platonistische Rezeptionsgeschichte. Sie ist jedoch nicht platonische Philosophie selbst. Wenngleich Platon einer derartigen Ideenlehre an etlichen Stellen Vorschub leistet, unterzieht er sie insgesamt einer scharfen Kritik. Stattdessen hat er, so die These dieses Buches, eine »pragmatische« Ideenlehre skizziert (vgl. Martens 1986).

Nicht nur der Inhalt, sondern auch die Darstellung von Platons Philosophie bereitet erhebliche Schwierigkeiten. Platon hat keine Abhandlungen verfasst, die man nur noch knapp und verständlich zusammenfassen müsste. Vielmehr hat er überwiegend in Dialogform philosophiert und seine Überlegungen immer wieder neu aufgegriffen. Durch seine dialogische Art zu denken und zu schreiben zieht Platon auch seine Leser als »dritte« Dialogpartner in seinen Prozess des Philosophierens hinein. Daher versucht auch das vorliegende Buch, Platons Philosophieren möglichst eng an seinen Texten entlang zu entwickeln und dadurch den Leser zum Mitlesen und Mitdenken zu veranlassen.

Schließlich richtet sich das Buch in einer doppelten Weise an Anfänger. In erster Linie ist es für Studierende, aber auch für interessierte Schüler und Laien geschrieben, die wissen wollen, was Platon gedacht hat. Es wendet sich aber auch an Kenner, die noch nicht alles über Platon zu wissen meinen und sich erneut mit ihm auf einen Anfang einlassen möchten. Auch wenn man nicht mit allen Fragen, erst recht nicht mit allen Antworten Platons einverstanden sein kann, ist es für beide Gruppen lohnenswert, mit ihm neu beziehungsweise erneut mit dem Philosophieren anzufangen. Platon ist selbst ein philosophischer »Anfänger«, der längst nicht alles gewusst, aber die wichtigsten philosophischen Fragen gestellt und eigene Antworten versucht hat.

Mich jedenfalls faszinierten und ärgerten Platons »Ideen« seit meiner Schulzeit, als wir im Griechischunterricht Platons Höhlengleichnis lasen. Was sollen diese seltsamen Ideen da oben? Angeregt durch meinen Lehrer Carl Friedrich von Weizsäcker, wich dann der Ärger allmählich der Faszination, mit Platon das Philosophieren zu lernen.

Platon und der Platonismus –
»Zurück zu Platon selbst!«

»Es wäre auch denkbar, dass Einer immer wieder
Scheinerleuchtungen hätte, – ausriefe ›Jetzt hab ich's!‹
und es dann nie durch die Tat rechtfertigen könnte.«

Ludwig Wittgenstein,
Philosophische Untersuchungen, § 323

Platon (ca. 427–347 v. Chr.) ist von seinen Lebzeiten bis heute
für Laien und Fachleute nicht nur eine bewunderte Autorität,
sondern auch ein ständiger Stein des Anstoßes und ein ewiges Rätsel. Wer sich auch nur ein wenig mit seinen Schriften
auskennt oder die gängigen Philosophiegeschichten kon-
sultiert, stößt unweigerlich auf Platons Lehre von den Tugenden, seine Wiedererinnerungs- und Ideenlehre, die Ideenschau und den Philosophenherrscher sowie auf seine Beweise
für die Unsterblichkeit der Seele, und die »platonische Liebe«
ist sogar zu einem geflügelten Wort geworden. Was verbirgt
sich dahinter und was hat Platon uns heute noch zu sagen?
Hatte er vielleicht nur im Sinne Wittgensteins »Scheinerleuchtungen« einer behaupteten Ideenschau, ohne sie »durch die
Tat rechtfertigen«, d. h., in nachvollziehbaren Begründun-
gen und den praktischen Konsequenzen erklären zu können?
Wer sich etwas gründlicher mit Platons Schriften beschäftigt und dazu noch die ausufernde Spezialliteratur zu Rate
zieht – kein Satz und kein Wort Platons ist nicht bereits mehr-
fach hin und her gewendet worden –, gerät noch mehr in Verwirrung. Was hat er wirklich gesagt und gedacht? Welcher
Platon ist gemeint? Nicht nur im Umgang mit Platon, sondern mit allen Klassikern der Philosophie besteht die Gefahr,
dass wir ihr lebendiges Denken in einem nachträglich kon-
struierten Denksystem fixieren und nicht mehr Platon von
einem Platonismus oder auch Aristoteles von einem Aristotelismus, Thomas von einem Thomismus oder Kant von
einem Kantianismus unterscheiden können. Platon aber von

einem Platonismus zu unterscheiden, ist besonders wichtig, weil das Lesen gerade seiner Schriften durch die Rezeptionserwartungen eines oft gar nicht bewussten Platonismus einer langen Tradition beeinflusst und sogar verfälscht wird.

Platons Wirkung geht bis heute, ob in Form von Zustimmung oder von Ablehnung, weitgehend von seiner angeblichen Zwei-Welten-Lehre aus, für die auf den ersten Blick in seinen Schriften in der Tat etliche Passagen zu sprechen scheinen. Nach ihr gibt es »jenseits« (meta) der menschlichen Welt sinnlicher Gegenstände (physis) eine göttliche Welt geistiger Gegenstände oder Ideen, auf die sich unser Erkennen richtet und an denen wir uns praktisch zu orientieren haben. Ein derartiger metaphysischer Zwei-Welten-Platonismus oder die *platonistische* Lesart Platons, wie sie im Folgenden genannt werden soll, erschwert jedoch den Zugang zu einer differenzierten *platonischen* Lesart Platons. Nach der differenzierten platonischen Lesart seiner Schriften ist die Zwei-Welten-Lehre nicht die Lösung, sondern bezeichnet erst Platons Problem, wie wir uns in unserem Denken und Handeln orientieren und uns dabei auf so etwas wie Ideen oder auf ein »Allgemeines« beziehen können. Mit der traditionellen platonistischen Rezeptionserwartung dagegen verbaut man sich die Chance, Platons Philosophie möglichst unvoreingenommen aus seinen Schriften heraus kennenzulernen und überhaupt erst seine Fragen zu verstehen. Nur auf diese Weise können wir in einer kritischen Auseinandersetzung mit ihm auch heute noch für das eigene Philosophieren profitieren. Daher gilt es die Maxime zu beherzigen: »Zurück zu Platon selbst!«

Die meisten Philosophiegeschichten und Einführungen präsentieren dem Leser einen Platonismus der Zwei-Welten-Lehre. Epistemologisch gesehen besteht er in der Unterscheidung von zwei Erkenntnisweisen, dem unzuverlässigen Wahrnehmen und Meinen einerseits und dem immer wahren Erkennen und Wissen andererseits. Ontologisch gesehen richtet sich die eine Erkenntnisweise auf die vergängliche Sinnenwelt des »Vielen«, die andere auf die unvergängliche Ideenwelt des »Einen«. Ferner strebt der Mensch aus platonistischer Sicht danach, seinen minderwertigen Körper zu verlassen und im Jenseits ein rein geistiges Leben einer seligen Ideenschau zu führen. Kraft seiner geistigen Natur kann der Mensch zwar durch die Anamnesis oder Wiedererinnerung an eine vorgeburtliche Ideenschau bereits im Diesseits wenigstens zeitweise zur Erkenntnis der Wahrheit gelangen, im Vollsinn aber gelingt ihm dies erst im Jenseits des Ideenhimmels. Weiterhin hat sich nach einem praktisch-politischen Platonismus unser Handeln an ewigen, zweifelsfrei einsehbaren Tugenden oder Werten zu orientieren, die der Philosophenherrscher den Beherrschten als unhinterfragbare Orientierung in einem engen Rahmen vorgibt. Nach einem metaphysisch-religiösen Platonismus schließlich liegt der Ursprung und Sinn der Welt als eines geordneten Kosmos in einem göttlichen Prinzip, das als »Idee des Guten« oder »das Eine« bezeichnet wird. Prominente Beispiele eines derartigen Platonismus sind vor allem *Die Bekenntnisse* und *Der Gottesstaat* des christlichen Kirchenvaters Augustinus (354–430 n. Chr.) sowie Boethius' Buch *Trost der Philosophie* (524 n. Chr.), das bis ins Mittelalter hinein weit verbreitet war. Nicht nur die akademische Philosophie, sondern auch die allgemeine Mentalgeschichte und Alltagsphilosophie unseres europäischen Kulturkreises sind vom Platonismus einer Zwei-Welten-Lehre geprägt. Zu nennen sind etwa die wertenden Gegensatzpaare »Leib« und »Seele«, »Körper« und »Geist«, »Äußeres« und »Inneres«, »Diesseits« und »Jenseits«, »niedrigere« und »höhere« Lüste oder »äußere« und »innere Werte«, auch die Vorstellung von der Natur als von Gott geordnetem »Kosmos«. Ferner steht die populär gewordene psychoanalytische Sprechweise von »Es«, »Ich« und »Über-Ich« ebenfalls in der Tradition Platons, der im *Staat* zwischen einem »begehrlichen«, einem »mutigen« und einem »vernünftigen« Seelenteil unterscheidet (Rep. IV), wobei Freud die einzelnen Seelenteile anders gewichtet und die Macht der Vernunft eines souveränen Ich anzweifelt.

Die verschiedenen Versionen des Platonismus ziehen seit Platons Schüler Aristoteles (ca. 384 – 322 v. Chr.) bis heute heftige Kritik auf sich. Nach Aristoteles (Metaph. I 6, 9; XIII 9) ist beim frühen Platon der sokratischen Dialoge noch eine akzeptable Analyse von zentralen Begriffen und Argumenten zu finden, während der mittlere und späte Platon Allgemeinbegriffe als geistige Gegenstände eigener Art behandle. Eine ähnliche Kritik an Platon äußert auch die gegenwärtige analytische Philosophie, indem sie ihm vorwirft, sprachliche Gewohnheiten zu ontologisieren. Platon verwechsle die für das Indogermanische und auch für das Griechische typische Substantivierung durch den Gebrauch des Artikels mit dem Vorliegen von Gegenständen. Aus den vielen x werde auf diese Weise »das eine X«, etwa aus den vielen schönen Dingen »das Schöne«. Daher hat Richard M. Hare vorgeschlagen, Platons Philosophie in eine analytische oder sokratische Philosophie von »Laton« und eine metaphysische oder platonistische Philosophie von »Paton« aufzuteilen. (Hare 1990, 45–53) Mit dem Platonismus, den er mit Platon gleichsetzt, geht insbesondere Nietzsche in der Vorrede zu *Jenseits von Gut und Böse* (1885) hart ins Gericht. Nach ihm ist »der schlimmste, langwierigste und gefährlichste« aller bisherigen »Dogmatiker-Irrtümer [...] Platos Erfindung vom reinen Geist oder vom Guten an sich«, da er das »Perspektivische, die Grundbedingung alles Lebens«, verleugne; alles in allem sei dies der »christlich-kirchliche Druck von Jahrtausenden – denn Christenthum ist Platonismus für's ›Volk‹« (Nietzsche 1988, 11–13). Eine weitere, besonders populär gewordene Kritik richtet sich auf den praktisch-politischen Platonismus, nach dem sich unser Handeln an ewigen, zweifelsfrei erkennbaren Tugenden oder Werten zu orientieren hat, die der Philosophenherrscher den Beherrschten als unhinterfragbare Orientierung vorgibt. Vor allem Popper sieht hierin in seinem einflussreichen Buch

Die offene Gesellschaft und ihre Feinde das Muster absoluter Herrschaft. (Popper 1957)

In der neueren Platon-Forschung findet man allerdings zunehmend Tendenzen, die den Platonismus der Zwei-Welten-Lehre nicht nur inhaltlich kritisieren, sondern auch bezweifeln, dass Platon ihn selbst vertreten habe. So unterscheidet John McDowell zwischen einem »zügellosen Platonismus« der angeblichen Zwei-Welten-Lehre und einem »naturalisierten Platon«, der den »Raum der Gründe« nicht in einem jenseitigen Ideenhimmel ansiedle, sondern aus der menschlichen, sinnlichen Natur des Menschen heraus entwickle. (McDowell 1998, 118 ff.; vgl. McDowell 1973) Auch Wolfgang Wieland interpretiert in seiner Studie *Platon und die Formen des Wissens* (Wieland 1982) eine verdinglichende Ideenlehre als Missverständnis der platonistischen Rezeption. In ihr werde das Reden *über* Ideen als ein »propositionales« Wissen in Form theoretischer Sätze mit ihrem »nicht-propositionalen Gebrauchswissen« in der Dialogpraxis und im Umgang mit der Welt verwechselt und verselbstständigt. Wolfgang Detel schließlich, um ein drittes Beispiel zu bringen, unterscheidet in Umkehr von Hares Zwei-Phasen-Interpretation zwischen einer frühen, verdinglichenden Ideenlehre Platons und seinem späteren »formentheoretischen Wahrheitsspiel« (Detel 2006, 260). Kritik an der traditionellen Rezeption Platons äußern in jüngster Zeit auch andere renommierte Platon-Forscher, vor allem aus dem deutschsprachigen Raum, beispielsweise Dorothea Frede (Frede 1999, 22–26, 120 ff.), Michael Bordt (Bordt 1999, 141 ff.) und Arbogast Schmitt (Schmitt 2007, 112). Angezweifelt wird auch Platons angebliche Leibfeindlichkeit. Selbst Papst Benedikt XVI. bestreitet sie und zitiert in seiner Enzyklika vom 25. Dezember 2005 zustimmend Platons *Symposion*, dass »der Mensch gleichsam unvollständig ist – von seinem Sein her auf dem Weg, im anderen zu seiner Ganzheit zu finden; dass er nur im Miteinander von Mann und Frau ›ganz‹ wird« (Deus caritas est, Abschnitt 11).

Die Maxime »Zurück zu Platon selbst!« zu befolgen und seine Philosophie aus seinen Schriften heraus ohne den Ballast und die Vorurteile der platonistischen Rezeption zu verstehen, bereitet erhebliche Schwierigkeiten, mit denen man es bei der Lektüre anderer philosophischer Klassiker kaum zu tun hat. Die geringste Schwierigkeit ist noch die lange Zeit hindurch diskutierte Echtheitsfrage, da in der gegenwärtigen Forschung über die wichtigsten Werke Platons vor allem aufgrund sprachstatistischer Kriterien weitgehend Übereinstimmung herrscht. (Erler 2006, 27–56) Ernster zu nehmen dagegen ist Platons eigene Schriftkritik. Nach ihr sind philosophische Schriften lediglich »Erinnerung« an das, was man selbst gedacht oder in einem mündlichen Dialog erörtert hat, und führen zur Verkümmerung des eigenen Denkens. (Phaedr. 274 b – 277 a) Dies scheint zunächst dafür zu sprechen, »Platons ungeschriebene Lehre« (Gaiser 1963; Ferber 2007), die innerhalb der Akademie Platons diskutiert worden sei, seinen Schriften vorzuziehen. Dagegen spricht allerdings, dass sie sich wegen der unsicheren Quellenlage nur unvollkommen rekonstruieren lässt. Vor allem aber kann die in ihr vertretene starre Prinzipienlehre, etwa von der »Grenze und dem Unbegrenzten« oder der »Einheit und Vielheit«, die Lebendigkeit des Denkens Platons in seinen Schriften kaum wiedergeben. Ohnehin ist es nach seiner Schriftkritik paradox, die ungeschriebene Lehre Platons doch aufschreiben zu wollen. Diese Paradoxie scheint auch auf seine eigenen Schriften zuzutreffen. Zusätzlich macht es Platons Dialogform schwer zu verstehen, was er selbst gedacht hat. Da er in seinen Dialogen meistens seinen Lehrer Sokrates reden lässt, kann man kaum unterscheiden, ob und wann er ihm eine eigene, sokratische Philosophie zuschreibt oder ihn lediglich als Sprachrohr benutzt, um ihm ein Denkmal zu setzen, vielleicht aber auch, um respektvoll im Sinne seines Lehrers weiterzudenken. (Martens 2004) Zwar kann man behaupten, dass in Platons Frühdialogen eher das von seinem Lehrer übernommene sokratische Fragen und Problemdenken überwiegt, in den mittleren und späteren Dialogen dagegen das platonische Weiterdenken über die von seinem Lehrer angeregten Fragen und Behauptungen. Zu erklären aber bleibt, wie sich Platons Schriftkritik damit vereinbaren lässt, dass auch er philosophische Schriften verfasst hat. Die Schwierigkeit lässt sich dadurch lösen, dass man die äußere Dialogform als innere Denkform im Sinne eines »Dialogs der Seele mit sich selbst« versteht. (Soph. 263 e) Dann lassen sich die verschiedenen Dialogpersonen und wechselnden Positionen in Platons Schriften als Stimmen oder Stationen des Denkprozesses Platons begreifen. Die Dialogform der Schriften Platons erzwingt geradezu ein Mit- und Selbstdenken des Lesers, da Platon sich an keiner Stelle mit den Behauptungen einer seiner Dialogfiguren identifiziert. Wegen seiner dialogischen, experimentierenden Art zu philosophieren lässt sich auch nicht mit Sicherheit eine Denkentwicklung des frühen, mittleren und späten Platon unterscheiden. Vielmehr umkreist sein Denken in immer wieder neuen Aspekten einige Leitfragen und probiert unterschiedliche Lösungsmöglichkeiten aus. Dennoch kann man aus der Verknüpfung einzelner Dialogstationen schließlich doch bei aller Unfertigkeit seines Denkens einige Grundüberzeugungen Platons als platonische Philosophie herauslesen.

Im *Siebten Brief* legt Platon selbst gegen Ende seines Lebens Rechenschaft über die Motive und Kernthesen seines gesamten philosophischen Bemühens ab, ähnlich wie der platonische Sokrates in Platons *Apologie*. Daher ist der Brief, der heute nach langem Zweifel weitgehend als echt gilt, eine wichtige Quelle für Platons Leben und Denken. Den Hauptteil des Briefes nehmen Schilderungen seiner politischen Erfahrungen mit den Tyrannen von Syrakus sowie seine konkreten Ratschläge für politisches Handeln ein. Der Gegensatz von Freiheit durch Gesetzesherrschaft und Unfreiheit durch Willkürherrschaft bestimmte auch Platons eigenes persönliches Leben von Jugend an. Wie viele andere habe er zunächst die politische Laufbahn einschlagen wollen, sei aber durch die damalige Willkürherrschaft in Athen davon abgehalten worden. In der Tat lag für Platon eine politische Laufbahn durchaus nahe, da er aus einer angesehenen aristokratischen Familie stammte, die ihren Ursprung bis auf Solon zurückführte. (Diog. Laert. III 1)

Solon (um 640–560 v. Chr.) hatte als Gesetzgeber Athens für einen gerechten Besitzausgleich zwischen den Kleinbauern und dem Adel durch Schuldenerlass gesorgt. Aufgrund seiner praktischen Tätigkeit, aber auch aufgrund seiner Weisheitssprüche wurde er zusammen mit Thales und anderen zu den berühmten »sieben Weisen« gezählt. (Prot. 342 e – 343 b) Offensichtlich stimmte seine Spruchweisheit »Nichts zu sehr« mit seinem Leben überein, für Platon ein Vorbild für ein ausgeglichenes und maßvolles Leben. Einen radikalen Bruch mit der ruhmreichen Familientradition Platons und ihren leitenden Werten markieren dagegen einige seiner engsten Verwandten. So gehörten Kritias, ein Vetter von Platons Mutter Periktione, und Charmides, sein etwas jüngerer Onkel, zu den »dreißig Tyrannen«, die nach der Niederlage Athens im Peloponnesischen Krieg (431–404 v. Chr.) mithilfe der siegreichen Spartaner an die Spitze einer oligarchischen Regierung »der Wenigen« gelangten. Ihr Anführer war Kritias, der wegen seiner Brutalität allgemein gefürchtet war, während Charmides zu ihren gemäßigten Mitläufern gehörte. Beide sind in Platons Frühdialog *Charmides* noch Schüler und Dialogpartner des Sokrates. Während Platon im sophistischen Gesprächsverhalten des Kritias bereits dessen späteres Willkürverhalten andeutet, charakterisiert er Charmides durch ein besonnenes Verhalten, das er auch später in seinem politischen Handeln zeigte. Beide fielen im Kampf gegen die später zurückkehrende Partei der Demokraten. Diese verhielten sich zwar trotz einzelner persönlicher Racheakte recht maßvoll gegenüber den unterlegenen Sparta-Anhängern, richteten aber, wie ihnen Platon vorwirft, seinen Lehrer Sokrates hin, »den gerechtesten Menschen jener Zeit« (Prot. 324 e).

Insgesamt, so stellt Platon kritisch fest, lebte das damalige Athen »nicht mehr in den Sitten unserer Väter und in ihren Lebensgewohnheiten« und »es nahm die Verderbnis in der Gesetzgebung und allgemeinen Sittlichkeit zu«. (Prot. 325 d) Mit seiner Kritik am moralischen und politischen Zustand Athens seiner Zeit stand Platon keineswegs allein. Auch der Geschichtsschreiber des Peloponnesischen Kriegs und Feldherr Thukydides (ca. 456/455 – 399 v. Chr.) teilte Platons Zeitdiagnose eines grundlegenden Werteumbruchs: »In der folgenden Zeit geriet sozusagen ganz Hellas in Bewegung. [...] Man änderte die gewohnte Bedeutung der Worte je nach der Lage nach eigenem Gutdünken, Tollkühnheit galt jetzt für dienstfertige Tapferkeit, kluges Zaudern für schön verschleierte Furcht, ein weises Betragen für einen Vorwand der Feigheit. Suchte man in jeder Hinsicht vernünftig zu handeln, hieß man in allem träge. Heftiges Draufgängertum erachtete man als männlich. [...] Sie bedienten sich der schönen Worte von der Gleichheit bürgerlicher Rechte oder von den Vorzügen einer weisen Aristokratie. [...] Beide Parteien machten ihre Leidenschaften zur Richtschnur ihres Verhaltens und suchten durch ungerechte Prozesse oder durch offene Gewalt ihre Streitsucht zu befriedigen. Das ging so weit, dass kein Mensch mehr auf Religion sah, sondern von dem nur wurde gut gesprochen, der es am tollsten trieb.« (Hist. III 82)

Der von Thukydides und Platon diagnostizierte Werteumbruch steht im Gegensatz zu dem von Herodot beschriebenen Selbstverständnis Athens als einer freien, gesetzestreuen Polis, die an der Spitze der Griechen die unfreien, »barbarischen« Perser besiegt hatte (490–479 v. Chr.). Nach dem Sieg über die Perser erlebte Athen zunächst eine Blütezeit unter Perikles, der von etwa 463 bis 431 v. Chr. der führende Politiker an der Spitze der Demokratenpartei war. (Meier 1993, 435–501) In seiner Zeit erreichte Athen seinen größten politischen Einfluss, wurden die wichtigsten Bauten der Akropolis errichtet, wirkten die berühmten Dichter Aischylos, Sophokles, Euripides und Aristophanes und lehrten sophistische Rhetoriker wie Protagoras und Gorgias sowie der Naturphilosoph Anaxagoras. Die Voraussetzungen für die Blütezeit Athens beschreibt Thukydides in der Leichenrede des Perikles zu Ehren der athenischen Gefallenen. (Hist. II 35–46) In ihr preist Perikles nicht nur die bewährten Werte wie Tapferkeit und Mäßigung, sondern auch die »Wissenschaft« (Hist. II 40), die er selbst in Athen gefördert hatte. So war er eng mit dem Naturphilosophen Anaxagoras (um 500–428 v. Chr.) befreundet, der den alten Glauben an die »göttlichen« Gestirne durch die Tatsache zu widerlegen versuchte, dass ein in Aigospotamoi gefundener Meteorit nichts als ein glühendes Gestein sei. (Diels/Kranz 1966, II 59, Fragm. A 1, 10)

Mit Anaxagoras löste die Methode des wissenschaftlichen Denkens allmählich das mythologische Denken ab. Zu der wissenschaftlichen Methode zählte neben der Berufung auf Tatsachen auch die von den Sophisten entwickelte Semantik und Logik, der Platons Sokrates trotz aller Distanz eng verbunden war. Wie Perikles war auch Thukydides von der Methode der neuen Wissenschaft überzeugt und wendete sie in seiner Geschichtsschreibung auch selbst an: »Wenn man die Tatsachen, die ich hier anführe, für Wahrheit hält, gibt es wohl kaum einen Irrtum. Den Dichtern und Erzählern sollte man in dieser Weise nicht vertrauen.« (Hist. I 20) Ähnlich hat Platon den Mythen von Homer und Hesiod über das Handeln der Götter und die Ordnung der Welt misstraut und mithilfe rationaler Überlegungen einen Neuanfang gemacht, sich aber ebenso scharf von dem Neuanfang sophistischer Beliebigkeit abgesetzt.

Wegen der politischen Wirren und des Parteienkampfs der Oligarchen wie der Demokraten, zu denen nur die kleine Gruppe der männlichen Athener Vollbürger zählte, hielt Platon eine sinnvolle Politik nicht für möglich. Seine verschiedenen gescheiterten Versuche, die Tyrannenherrschaft in Syrakus in eine Philosophenherrschaft umzuwandeln, hatten seine Skepsis noch verstärkt. Daher gründete er

387/385 v. Chr. seine Akademie, um durch eine philosophisch fundierte Bildung eine bessere politische Praxis vor-
zubereiten. Sein Ziel war es, für das politische Handeln eine
tragfähige Werte- und Erkenntnisbasis zu begründen. Die für
ein erfolgreiches politisches Handeln notwendige Wertebasis
deutet Platon im *Siebten Brief* nur an, indem er seinen Lehrer
Sokrates als »gerechten, tapferen, selbstbeherrschten und
philosophischen Menschen« (Epist. 7,336 b) preist. Sokrates
verkörpert für Platon die vier Grund- oder Kardinaltugenden,
die im *Staat* (Rep. IV) für den Einzelnen und die Polis maß-
geblich sind.

Die Erkenntnisbasis dagegen behandelt Platon etwas ausführlicher in einem Exkurs (Epist. 7,341 b – 343 b). Auf seiner
ersten sizilianischen Reise beeinflusst durch den pythagoreischen Mathematiker und Politiker Archytas von Tarent
(Epist. 7,339 d), hebt Platon die zentrale Rolle der Mathematik für seine Philosophie hervor, indem er am Beispiel
des Kreises den Unterschied zwischen Sinnen- und Ideenwelt
sowie Meinen und Wissen veranschaulicht: Den einen können wir sinnlich wahrnehmen, den anderen als geistige Gestalt in einer Definition erfassen. An der Eingangstür von Platons Akademie soll die Inschrift gestanden haben: »Keiner,
der sich in Geometrie nicht auskennt, soll hier eintreten«
(zit. nach Gaiser 1963, 446 f., 552). Dies entspricht Platons
Forderung im Bildungsgang des *Staates*, dass die Philosophenherrscher »der Geometrie nicht unkundig« sein sollen.
(Rep. VII 527 c) Die Geometrie ist es, die als Muster für die
Idee als »Gestalt« dient, wie am Dialog *Euthyphron* gezeigt
werden wird. Wahres Erkennen, unterstreicht Platon in seinem Exkurs, ist außerdem nicht ohne persönliche Anstrengung zu erreichen, zu der nicht jeder bereit und fähig sei. So
hat der Tyrann von Syrakus, Dionysios II., die Philosophen-
probe nicht bestanden, weil er sich nicht auf einen mühevol-
len Erkenntnisprozess einließ. Auch lebte er kein gerechtes,
tugendhaftes Leben und war nur äußerlich um Erkennen bemüht. So hatte er die von Platon gehörte Philosophie in einer

Schrift wie ein mechanisch anwendbares Lehrbuchwissen festgehalten und darüber hinaus als seine eigenen Erkenntnisse ausgegeben. Im *Siebten Brief* wird somit deutlich, dass Platon mit seiner Philosophie eine enge Einheit von Praxis und Theorie anstrebt. Philosophie ist für ihn zugleich Liebe zum theoretischen Wissen und zur praktischen Weisheit als Lebensform. (Hadot 1991, Horn 1998) Die Doppelbedeutung von Philosophie ist bereits umgangssprachlich im griechischen Wort »sophia« enthalten, das zugleich Wissen und Können bedeutet, etwa bei den »sieben Weisen« mit Solon an der Spitze. Außerdem bedeutet das ebenfalls doppeldeutige Wort »philia« als »Streben« und »Begehren«, dass Philosophie nach Platon nicht nur im epistemologischen Sinn ein Streben nach Wissen oder Weisheit im Unterschied zu deren selbstsicherem Besitz nach Art der Sophisten, den angeblich »Wissenden« und »Weisen«, ist. Sie ist auch, anthropologisch gesehen, ein geradezu erotisches Begehren, sich als Einheit von Körper und Geist zu verwirklichen, wie Platon im *Symposion* zeigt.

Über die Organisation und Arbeitsweise von Platons Akademie haben wir keine genaueren Quellen. Ihr Ziel war, wie aus dem *Siebten Brief* hervorgeht, weder reine Theorie noch direkte Praxis, sondern Vorbereitung einer besseren Praxis der Polis durch theoretische Grundlagenarbeit und Bildung der zukünftigen Philosophenherrscher. Ihr Bildungsprogramm entsprach vermutlich dem Curriculum für die zukünftigen Philosophenherrscher im *Staat* (Buch VII). An erster Stelle steht für Platon die Einübung einer persönlichen »philosophischen Lebensweise«, die sich an den Tugenden ausrichtet und um ein methodisch sorgfältiges philosophisches Erkennen bemüht ist. Offensichtlich bildete die Akademie nach dem Vorbild der Pythagoreer nicht nur eine Lehr-, sondern auch eine Lebensgemeinschaft. Auch ist anzunehmen, dass die frühen und mittleren Dialoge Platons, die als öffentliche Werbeschriften für die Akademie dienten, im kleineren Kreis diskutiert wurden. Des Weiteren wurde in der Akademie vom späten Platon oder seinen Schülern »Platons ungeschriebene Lehre« ausgearbeitet. Auch wurden in der Akademie von Platon Vorträge oder Vorlesungen gehalten, etwa »Über das Gute«. Darüber hinaus wurden einzelwissenschaftliche Forschungen betrieben, vor allem durch den Astronomen Eudoxos (ca. 391–338 v. Chr.) und den Mathematiker Theätet (ca. 414–369 v. Chr.). Platons Akademie hatte in ihrer wechselhaften Geschichte unterschiedliche skeptizistische und neuplatonisch-spekulative Ausprägungen. Sie blieb fast ein ganzes Jahrtausend lang bestehen, bis sie als heidnische Gegeninstanz zum Christentum von Kaiser Justinian 529 n. Chr. geschlossen wurde. Im selben Jahr wurde das erste christliche Kloster Montecassino gegründet. Damit wurde die Philosophie Platons allmählich durch einen christlichen Humanismus ersetzt.

Die Auflösung der Akademie Platons führte zu einer Verbreitung seiner Philosophie zunächst im Orient, etwa in Alexandria, wo die Gelehrten Zuflucht suchten. Von hier gelangten Platons Lehre und die Lehre des Aristoteles sowie die Einzelwissenschaften der Griechen, vor allem die Medizin, wieder in den Westen, nachdem die Araber seit dem siebten Jahrhundert Spanien erobert hatten. Von Platons Schriften war im christlichen Europa zunächst nur der Dialog *Timaios* über die Weltschöpfung bekannt, dessen Anfang bereits Cicero ins Lateinische übersetzt hatte. Nachdem der Platonismus im Christentum durch die Kirchenväter stark rezipiert worden war, dominierte der Aristotelismus in Form der mittelalterlichen Philosophie des Thomismus und stärkte als »Magd der Theologie« vor allem die Gottesbeweise. In einem breiteren Umfang dagegen wurde Platons Werk in Europa erst wieder in der Renaissancezeit durch seine lateinische Übersetzung von Marsilius Ficinus und die platonische Akademie in Florenz (1459–1521) bekannt. An der Akademie von Florenz wirkten vor allem Gelehrte, die nach der Eroberung Konstantinopels 1455 durch die Türken in den Westen geflohen waren und die Handschriften der Texte Platons mitgebracht hatten.

Platons Probleme und Leitfragen – die Suche nach dem Nutzen

Welche Probleme Platon selbst im Unterschied zum über-lieferten Platonismus lösen wollte, wird nicht nur von seinem autobiografischen und zeithistorischen Kontext her sicht-bar, sondern auch von der Denktradition oder dem Vor-verständnis her, von dem seine Philosophie geprägt war. In seinen Schriften bezieht sich Platon immer wieder auf das Denken der Vorsokratiker. Für sein eigenes Denken ist vor allem der »Gigantenkampf um das Sein (gigantomachia peri tes ousias)« (Soph. 246 a) oder um das, was wirklich ist, zwischen Heraklit (um 544 – 483 v. Chr.) und Parmenides (um 515/510 – nach 450 v. Chr.) prägend. Der eine repräsentiert das Denken des vergänglichen »Vielen«, der andere das Denken des ewigen »Einen«. Den Gegensatz oder die Span-nung zwischen dem Einen und dem Vielen übernimmt Platon mit seiner Vorstellung und Redeweise von der »gött-lichen« und »menschlichen« Welt als problematisches Erbe Homers. Zwar kritisiert er, wie bereits vor ihm Xenophanes (um 580/577–485/480 v. Chr.), die anthropomorphen und unmoralischen Götter Homers (Rep. II, III). Er geht aber wei-terhin zunächst von Homers grundsätzlicher ontologischer Unterscheidung einer vergänglichen und unvergänglichen Welt und der entsprechenden epistemologischen Unterschei-dung des Meinens und Wissens aus.

Nach Homers Sicht einer zweigeteilten Welt wissen die Götter »alles« (Ilias IV, 379) und sind »unsterbliche, selige« Wesen (Ilias V, 7), während die Menschen in ihrem Wissen und zeitlichen Dasein begrenzte, unvollkommene Wesen sind. Sie leben in grundsätzlich getrennten Welten. So be-klagt sich die göttliche Nymphe Kalypso (Odyssee V), dass sie nach dem Ratschluss der von Zeus gelenkten Götterversammlung Odysseus wieder ziehen lassen müsse, damit er endlich seine Irrfahrt beenden und in seine Heimat Ithaka zurückkehren kann. Sie war neun Jahre lang seine Geliebte und hört nur widerwillig, was ihr der Götterbote Hermes mitteilt: »[...] sein Schicksal ist, die Freunde wiederzuschauen, und sein prächtiges Haus und seiner Väter Gefilde«, vor allem aber auch seine Gattin Penelope (Odyssee V, 114 f., 209). Kalypso beklagt sich, dass Götter und Menschen kein gemeinsames Leben miteinander führen können: »Also verargt ihr auch mir des sterblichen Mannes Gemeinschaft.« (Odyssee V 129) Beide, Kalypso und Odysseus, sind sich des Unterschieds von Göttern und Menschen bewusst, vor allem aber kennen sie den Vorrang der Götter vor den Menschen. Kalypso betont im Hinblick auf Penelope selbstbewusst: »Wie können sterbliche Frauen mit unsterblichen sich an Gestalt (eidos) und Schönheit vergleichen?« (Odyssee V 212 f.), während Odysseus bestätigt, was Kalypso über seine Frau Penelope sagt: »[...] sie ist nur sterblich, und dich schmückt ewige Jugend« (Odyssee V 218). Dennoch sehnt er sich nach Penelope und seiner heimischen Welt zurück.

Wie Homers Götter- und Menschenwelt sind auch im Platonismus Ideen- und Sinnenwelt rangmäßig unterschieden und existieren getrennt voneinander. Nur annäherungsweise und in einer begrenzten Zeit hat bei Homer Odysseus am Leben der Kalypso und haben im Platonismus die Sinnesdinge und Menschen an den Ideen teil. Grundsätzlich aber bleiben beide Welten getrennt. Allerdings greifen die Götter auf undurchschaubare Weise in das Handeln der Menschen ein, etwa in den Kampf der Griechen um Troja sowie in das Schicksal des Odysseus auf seiner Heimfahrt nach Ithaka. Ferner bestimmen die Götter als wirkende Naturkräfte den Aufbau und das Geschehen der Welt, etwa der Gott Uranos als Himmel oder Kosmos, Zeus als gerechte Ordnung und Strafe, Athene als Kraft der Weisheit und Kunstfertigkeit, Poseidon als Macht des Ozeans oder Aphrodite als Leidenschaft der Liebe. Insgesamt kann man daher von Homers Göttern sagen: »Die Wirkung verrät überall die lebendige Ursache.« (Snell 1955, 45) An die Vorstellung der Götter als Wirkkräfte knüpft auch Platons durchgängige Frage an, worin der wirkliche Nutzen des von den Menschen erstrebten Erkennens und gerechten oder guten Handelns besteht und was ihn bewirkt.

Homer ist an vielen Stellen der eine wichtige Bezugs- und Kritikpunkt Platons, dem er auch eigene Schriften widmet *(Ion, Hippias II, Staat I, III, X)*. Der andere sind die Sophisten, vor allem Protagoras (um 485 – 415 v. Chr.), dem Platon ebenfalls mit dem *Sophistes* und *Protagoras* eigene Dialoge widmet. Die Sophisten beanspruchen als »Sachkundige« oder »Könner«, wie »sophos« zunächst neutral übersetzt werden kann, nicht nur Sachwissen und Rhetorik zu lehren, sondern verbinden damit zugleich den Anspruch der richtigen Sicht auf die Wirklichkeit und auf das menschliche Leben insgesamt. Sie beanspruchen Platon zufolge, allwissend zu sein und über die richtige Lebensweisheit zu verfügen und somit die geeigneten Erzieher der Jugend zu sein. (Apol. 24 d – 26 a) Nach ihnen bestimmen nicht die Götter oder Gott das menschliche Denken und Handeln, vielmehr setzen die Menschen selbst je nach Interessenlage fest, was für sie wichtig und richtig ist. Nicht Gott, sondern der Mensch ist für sie das Maß aller Dinge. (Theaet. 152 a, Leg. IV 716 c) Während die Sophisten auf die Nützlichkeit subjektiver Deutungen der Wirklichkeit und einer manipulativen Rhetorik setzen, ist Platon davon überzeugt, dass wir nur dann einen dauerhaften und befriedigenden Nutzen haben, wenn wir zu erkennen versuchen, was etwas wirklich und nicht nur scheinbar ist.

Den sophistischen Wissens- und Weisheitsanspruch kritisiert Platons Sokrates mithilfe eines einfachen Beispiels: »*Sokrates:* ›Wenn jemand das Wort Eisen oder Silber ausspricht, denken wir dabei nicht alle dasselbe (tauton)?‹ *Phaidros:* ›Gewiss.‹ *Sokrates:* ›Wie aber, wenn gerecht oder gut? Wendet sich da nicht der eine hier-, der andere dorthin, und sind wir nicht uneinig untereinander und mit uns selbst?‹ *Phaidros:*

›Allerdings.‹« (Phaedr. 263 a). Bei Wörtern wie »Eisen oder Silber« denken wir, wie der Rhetor Phaidros sofort zugibt, in der Tat »alle dasselbe«. Wir können die Verwendung derartiger Wörter oder Begriffe nicht beliebig festlegen, sondern haben hierfür gemeinsame Kriterien der Begriffsverwendung und können im Zweifelsfall experimentell prüfen, womit wir es wirklich zu tun haben. Platon geht es allerdings nicht um die einfachen Fälle physikalischer Begriffe, ihm geht es, wie es im zitierten Beispiel heißt, vor allem um ethische Begriffe wie »gerecht oder gut«. Offensichtlich brauchen wir für die Regelung unseres gemeinsamen Handelns eine Einigung darüber, ob unser Handeln gerecht oder gut ist und seinen erhofften Zweck erfüllen kann. Vielleicht täuschen sich aber der Tyrann oder auch die Volksversammlung und jeder Einzelne darüber, was wirklich gerecht oder gut ist, und die Menschen verfolgen nur subjektive, möglicherweise schädliche Einzelinteressen. Für das effiziente und lustvolle Leben steht uns in der Regel das Wissen etwa eines Messkünstlers, Arztes und Handwerkers sowie eines Kochs und Tanzmeisters zur Verfügung. Die Frage des Sokrates aber ist, welches Wissen wir darüber haben, was gut oder gerecht ist, und ob wir auch hierfür für alle akzeptable Kriterien haben.

Wenn wir uns nun für unser Leben weder auf die göttlichen Gesetze noch auf die menschlichen Setzungen oder weder auf Homer noch auf die Sophisten verlassen können, wie können wir dann, so fragt Platon, über wichtige Begriffe und die entsprechenden Handlungen eine Einigung erzielen, die uns wirklich nützt? Seine Antwort besteht darin, an die Erfahrung zu erinnern, die jedem bekannt ist, dass wir in praktischen Zusammenhängen nicht beliebig etwas als Wissen ausgeben können. Auch ein Redner muss vielmehr »die wahre Beschaffenheit dessen erkennen, worüber er reden will« (Phaedr. 259 e). Theoretisches Wissen, so kann man auch sagen, muss sich im praktischen Gebrauch als wahr bewähren. Für diese alltagspraktische Einsicht benutzt Platons Sokrates wiederum ein einfaches Beispiel: »*Sokrates:*

›Wenn ich dich überredete, du solltest, um gegen die Feinde zu ziehen, dir ein Pferd anschaffen, wir kennten aber beide kein Pferd, sondern nur so viel wüsste ich von dir, dass Phaidros glaubt, das Pferd sei dasjenige unter den zahmen Tieren, welches die längsten Ohren hat –‹ *Phaidros:* ›Lächerlich, o Sokrates, wäre das.‹ *Sokrates:* ›Das noch nicht, aber wenn ich voller Fleiß eine Rede abfasste und darin den Esel lobte, den ich Pferd nennte, und ausführte, wie viel wert (axion) das Tier wäre zu Hause und im Felde, brauchbar (chresimon), um von ihm herab zu fechten, geschickt (dynaton), das Gepäck zu tragen, und zu vielen andern Dingen nützlich (ophelimon)?‹ *Phaidros:* ›Über alle Maße lächerlich wäre dann dieses.‹« (Phaedr. 260 b–d) Ein vermeintliches theoretisches Wissen einer Definition (»ein Pferd ist ein Tier mit langen Ohren«) wird dadurch als wahr oder falsch erwiesen, dass man sich den erwarteten Nutzen klarmacht und diesen durch den praktischen Gebrauch überprüft. Platons Beispiel kann an einer einfachen lebensweltlichen Erfahrung seine Behauptung verdeutlichen, dass wir nur dann wirklich nützlich handeln können, wenn wir uns an der vorgegebenen Wirklichkeit orientieren. Der wirkliche Nutzen ist der Nutzen der Wirklichkeit, nicht unsere bloße Vorstellung davon. Ob wir uns aber tatsächlich an der Wirklichkeit oder bloß an unseren Vorstellungen orientieren, erweist sich an der erfolgreichen Praxis, wie der Sokrates-Schüler Antisthenes die athenische Volksversammlung kritisiert. Dabei benutzt er dasselbe Beispiel wie Platon. Man könne eben nicht »durch bloßes Heben der Hände« einen Esel zu einem Pferd oder »ungelernte Leute zu Feldherrn« machen. (Diog. Laert. VI 8)

Das Beispiel von Pferd und Esel zeigt, wie bei Platon die ontologische Frage nach der Wirklichkeit und die epistemologische Frage nach ihrer Erkenntnis auf die praktische Frage bezogen sind, wie wir einen wirklichen und nicht bloß scheinbaren Nutzen in unserem Handeln erzielen können. Von Platons Frage nach den richtigen Begriffen ist seine Frage nach den richtigen »Benennungen« oder Wörtern (onoma) im Sinne von Lautgestalten zu unterscheiden, die er im *Kratylos* als Kontroverse von »Natur« und »Übereinkunft« diskutiert. Allerdings ist Platons Philosophie insgesamt keine einheitliche Lehre in Form eines Systems, sondern ein systematisches oder weiterführendes Denken, das sich um die Lösung philosophischer, letztlich lebenspraktischer Grundfragen bemüht. Diese werden von Platon in einzelnen Schriften zwar auch zusammenhängend diskutiert, aber in verschiedenen Dialogen immer wieder neu aufgegriffen und durch zahlreiche Querverweise miteinander verbunden. Daher lassen sich seine einzelnen Werke oder Dialoge daraufhin durchgehen, welche Fragen er gestellt und wie er sie zu beantworten versucht hat. Der Leser ist aufgefordert, als »dritter« Dialogpartner an dem Denkprozess mit eigenen Einfällen, Fragen und Argumenten teilzunehmen. Wir können aber nur dann hoffen, Platon zu verstehen, wenn wir seine Schriften aus einem eigenen Vorverständnis heraus lesen und an sie gezielte Leitfragen stellen. Als Leitfragen an Platons Schriften sind die berühmten vier Kant-Fragen gut geeignet. Diese werden nicht nur nachträglich an Platon herangetragen, sondern lassen sich der Sache nach auf dem Weg über die Stoa bis auf Platon zurückverfolgen. Vor allem entspringen sie einem menschlichen Grundbedürfnis nach praktischer und theoretischer Orientierung durch und im Denken und sind Ausdruck menschlicher Selbstvergewisserung im Umgang mit der Welt.

Kant fasst die wichtigsten Inhalte der Philosophie in den drei Fragen zusammen (KrV A 805 / B 833): »1) Was kann ich wissen? 2) Was soll ich tun? 3) Was darf ich hoffen?« Als gemeinsame Klammer fügt er die vierte Frage hinzu: 4) »Was ist der Mensch?« (Logik A 25/26) Die erste Frage ordnet Kant der »Metaphysik« zu, die zweite der »Moral«, die dritte der »Religion« und alle drei schließlich der »Anthropologie«. Durch die gemeinsame anthropologische Frage macht er deutlich, dass es in der Philosophie insgesamt um menschliche Selbsterkenntnis geht. Die drei ersten Kant-Fragen gehen auf die Einteilung der Philosophie durch die Stoiker zurück. Ähnlich wie Kant vom »Primat der praktischen Vernunft« spricht, ist auch für die Stoa der Ausgangs- und Zielpunkt die »Ethik« des guten oder glücklichen Lebens. Die Erkenntnismöglichkeit ethischen Urteilens wird durch die »Logik« als Lehre nicht nur des richtigen Schließens, sondern auch des wirklichen Erkennens abgesichert. Die Auffassungen vom guten Leben der Menschen und von der Wirklichkeit insgesamt schließlich werden durch die »Physik« als Lehre von der göttlichen Natur in einen umfassenden Sinnzusammenhang gestellt.

Die Fragen oder Problemfelder Kants und der Stoa wiederum werden von Platon zum ersten Mal in der Philosophiegeschichte in ihrer ganzen Breite entwickelt. Platon fragt nach dem wirklich guten Leben und kommt bei konsequentem Weiterdenken zu den weiteren Fragen, was der Mensch überhaupt an Wirklichkeit erkennen kann und welche Hoffnungen er für ein diesseitiges und jenseitiges Leben haben darf. In allen drei Fragen aber wird Platon der Forderung des platonischen Sokrates gerecht: »Erkenne dich selbst!« Wir sind, woran Platon als Erbe der Mythen Homers festhält, sterbliche Menschen mit Leib und Seele und keine ewigen Götter. Und selbst die Götter Homers sind lediglich, wie Platon als Kritiker der Mythen in der Nachfolge des Xenophanes klar ist, idealisierte Gestalten der menschlichen Lebenswelt einer aristokratischen Gesellschaft mit ihren Helden und Kriegern. Daher stehen nicht nur die Götter der Epen Homers oder der *Theogonie* Hesiods auf dem Prüfstand, sondern wir müssen uns selbst erkennen, wie wir als Menschen leben sollen, was wir als Menschen wirklich erkennen können und was wir als Menschen hoffen dürfen.

Die Frage nach dem guten Leben –
die Tugenden

Platons philosophisches Hauptinteresse gilt der Frage, wie wir leben sollen, oder der Frage nach dem guten Leben. Sie steht auch im Mittelpunkt des *Staates,* der wichtigsten Werbe- und Programmschrift seiner Akademie: »Denn es ist nicht von etwas Beliebigem die Rede, sondern davon, auf welche Weise man leben soll.« (Rep. I 352 d; vgl. Gorg. 500 c) Das »soll« in dieser Frage ist nicht im Sinne einer altruistischen im Unterschied zu einer egoistischen Ethik zu verstehen, auch nicht im Sinne einer deontologischen im Unterschied zu einer teleologischen Ethik. Vielmehr fragt Platon noch vor jeder Moralphilosophie oder Ethik in einem umfassenden Sinne danach, »wer glücklich ist und wer nicht« (Gorg. 472 c). Die Frage nach dem Glück (griech. »eudaimonia«) ist bei ihm gleichbedeutend mit der Frage, worin der Zustand des »guten Leben« wirklich besteht (Crit. 48 b), damit wir unsere Handlungen danach ausrichten. Platons Antwort auf die Frage nach dem glücklichen oder guten Leben ist das »tugendhafte« Leben. Umgangssprachlich ist das mit »Tugend« übersetzte griechische Wort »arete« zunächst mehrdeutig und wird in einem nichtmoralischen Sinne verwendet. Etymologisch ist »arete« verwandt mit »aristos«, »der Beste«, und ist darüber hinaus die Superlativform von »agathos«, »gut«. Das Wort »aristos« ist vermutlich auf das Verb »arariskein« zurückzuführen, das »zusammenfügen, miteinander verbinden, passen« bedeutet. Ein tugendhaftes Leben ist ein für den Menschen »vortreffliches« oder »passendes« Leben, wie es sein soll. Umgangssprachlich bezieht sich das griechische »arete« auf den Zustand oder die Beschaffenheit jeglicher Art, etwa »eines Gerätes, eines Leibes, auch einer Seele und eines jeden Lebewesens« (Gorg. 506 d). Beispielsweise bedeutet bei Aristoteles die »arete« des Auges seine Fähigkeit zum genauen Sehen oder die »arete« des Pferdes, dass es »brauchbar und gut zum Laufen ist, den Reiter zu tragen und gegen die Feinde zu bestehen« (Nikom. Eth. II 5). Erinnert man sich an das Beispiel im Phaidros-Zitat vom Pferd und Esel, wird deutlich, dass »arete« bei Platon das Wesen oder die Idee von etwas ist, was in seiner vortrefflichen, passenden Beschaffenheit oder, wie man auch sagen kann, Tauglichkeit im Hinblick auf einen bestimmten Zweck oder Nutzen besteht. Ein Pferd ist zu etwas anderem gut oder taugt für andere Zwecke als ein Esel, egal wie man beides nennt.

Zwar trifft »Tauglichkeit« am ehesten die ursprüngliche Bedeutung des griechischen Wortes »arete«, hat aber im Deutschen den Beiklang militärischer Tüchtigkeit oder bloßer Funktionalität. Um diesen störenden Beiklang zu vermeiden, soll im Folgenden die eingebürgerte Übersetzung von »arete« mit »Tugend« beibehalten werden. Allerdings hat auch diese Übersetzung Nachteile. Abgesehen davon, dass »Tugend« im Deutschen heute für die meisten veraltet klingt, hat das Wort den im Hinblick auf Platons Philosophie irreführenden Beiklang einer bloß inneren Haltung, auch einer selbstlosen, christlichen Moral, und wird außerdem in Ausdrücken wie »Tugendbold« oder »tugendhaftes Mädchen« leicht mit einer selbstgefälligen, verengten Moralvorstellung assoziiert. Dieselben Einschränkungen treffen auf die nach angelsächsischem Vorbild rehabilitierte »Tugendethik« (virtue) zu, verstanden als »Charakterethik«. (Rippe/Schaber 1998) »Arete« als Tugend meint bei Platon zwar auch den Charakter eines Menschen, zielt aber nicht primär auf die moralische Beschaffenheit, sondern drückt aus, was ein Mensch in seiner gesamten Beschaffenheit optimal ist oder was er »taugt« und wie er am besten lebt.

Platon entwickelt seine Philosophie vom tugendhaften Leben in Auseinandersetzung mit kontroversen, problematisch gewordenen Auffassungen und Lebensformen seiner Zeit. In Homers Kriegs- und Adelswelt hatte die Tugend des heldenhaften Mannes im Vordergrund gestanden, der im Kampf um Troja seine Fähigkeiten als Mann, und das heißt vor allem als tapferer Mann, unter Beweis stellte. Nur am Rande kam es auch auf moralische Fähigkeiten zu einer gemeinsamen, gerechten Beratung an oder auf intellektuelle Fähigkeiten, wie sie am »listenreichen« Odysseus gerühmt werden. In Hesiods Schrift *Werke und Tage,* einer Schilderung des bäuerlichen Lebens, waren vor allem Tugenden wie Fleiß und Zuverlässigkeit wichtig, die heute als Sekundärtugenden bezeichnet werden, insofern sie ein Mittel zum Zweck sind. Nach Pindars aristokratischem Gesellschaftsideal schließlich bestand die Tugend darin, sich im athletischen Wettkampf zu beweisen und seine ererbten, aber auch durch eigene Anstrengung verbesserten Fähigkeiten zur Schau zu stellen.

Mit der Ablösung der homerischen Heldenwelt sowie der bäuerlichen und aristokratischen Lebensweise durch die zunehmende Handelstätigkeit, durch die neu aufkommende athenische Demokratie und durch die von Thukydides beschriebenen Kriegswirren verlor die traditionelle Wertebasis an Geltung. In der Volksversammlung und im politischen Leben Athens ging es vor allem darum, seine rhetorischen Fähigkeiten und Sachkenntnisse unter Beweis zu stellen, um seine Interessen durchzusetzen. Hierfür boten Sophisten wie Protagoras, Gorgias oder Prodikos ihre Dienste in bezahlten Kursen für eine Ausbildung in bürgerlicher »Tugend« an. Sie beanspruchten über diese instrumentellen Tugenden oder Fertigkeiten hinaus auch die Weisheit zu besitzen und zu lehren, worauf es im Leben insgesamt ankomme, nämlich in erster Linie auf Wohlstand, Macht und Lust.

In einer für Platons Werk typischen Kontroverse zwischen Sokrates und dem sophistischen Kallikles geht es beispielsweise im Dialog *Gorgias* um die Frage, worin die »Natur« (physis) des Menschen besteht und was die menschliche Tugend ist, in der seine Natur voll zur Entfaltung kommt. Kallikles vertritt die Auffassung, dass der Mensch wegen seiner, modern gesprochen, sozialdarwinistischen Natur mit allen

Mitteln seinen optimalen Nutzen zum Überleben verfolgen soll, um als physisch und intellektuell Tüchtigster zu siegen. Die menschliche Tugend besteht nach sophistischer Auffassung nicht nur im Zustand des optimalen Überlebens, sondern auch des optimalen Wohllebens und Auslebens seiner Begierden. Daher kommt es im Leben des Einzelnen und der Polis darauf an, alle seine Fähigkeiten für dieses Ziel einzusetzen. Allein eine Polis, die für die Entfaltung der Tüchtigsten nützlich ist, sei gerecht.

Die herkömmlichen Kriterien für Tugend wie physische Stärke, soziale Stellung, Besitz und Macht sowie das von den Sophisten gelehrte sachkundige und rhetorische Wissen und Können reichen nach Platons Überzeugung allerdings nicht aus, um die wirklich menschliche Tugend zu bestimmen. Bevor aber nicht geklärt ist, was Tugend ist, kann man auch nicht angeben, wie man tugendhaft werden kann, wie Menon in seiner Frage zu Beginn des gleichnamigen Dialogs erwartet: »Kannst du mir wohl sagen, Sokrates, ob die Tugend gelehrt werden kann? Oder ob nicht gelehrt, sondern geübt? Oder ob sie weder eingeübt noch angelernt werden kann, sondern von Natur den Menschen einwohnt oder auf irgendeine andere Art?« (Men. 70 a) Die in der Menon-Frage angedeutete »andere Art«, wie man tugendhaft werden könne, weist als offene Stelle auf die sokratische Methode der Selbstprüfung und zusätzlich auf das von Sokrates praktizierte gute Leben hin. Notwendige Voraussetzung für eine erfolgreiche Selbstprüfung und ein tugendhaftes Leben aber ist ein wenigstens umrisshaftes Wissen davon, was uns wirklich glücklich macht oder was uns »guttut«. Sonst können wir nicht beurteilen, wie unsere Selbstprüfung ausfällt und wie wir tugendhaft werden können.

Die Frage nach dem guten Leben wiederum führt auf die Frage zurück, worin das Erkennen des wirklich Guten und der Wirklichkeit insgesamt besteht, auf die wir uns nach Platon verbindlich beziehen müssen. Bei einer Antwort auf die Frage nach dem Guten steht auf der einen Seite die Überzeugung des Sophisten Protagoras von der Relativität des Guten: »Und so schillert das Gute und verwandelt sich immer wieder.« (Gorg. 334 b) Auf der anderen Seite ist der platonische Sokrates davon überzeugt, dass es trotz aller nicht zu leugnenden individuellen Verschiedenheiten eine für alle Menschen verbindliche »gute« Lebensform gibt. Während der Dialog *Menon* deutlich macht, dass Wissen für die Tugend eine notwendige Voraussetzung ist, fügt Platon im *Staat* und in den *Gesetzen* die praktische Erziehungsarbeit hinzu, aber auch die zusätzlich notwendige Bedingung einer natürlichen Anlage als Grunddisposition für ein tugendhaftes Leben. Die These eines »Tugendwissens« (Wissen ist notwendige und zugleich hinreichende Bedingung von Tugend) kann man Platon nicht unterstellen und sie wird auch nicht von Sokrates im *Menon* im Sinne des sogenannten sokratischen Intellektualismus vertreten. Offensichtlich knüpft Aristoteles an Platons Überlegungen an, wenn er zwischen »verstandesmäßigen« Tugenden wie Weisheit, Auffassungsgabe und Klugheit, die man lernen könne, und »ethischen« Tugenden wie Großzügigkeit oder Besonnenheit, die man üben müsse und nicht schon »von Natur aus« besitze, unterscheidet. (Nikom. Eth. I 13, II 1)

Platon zufolge zielt die Frage nach der Tugend oder nach dem Guten auf das, was für uns wirklich und nicht nur scheinbar gut ist. (Rep. VI 505 d) Selbst ein Tyrann, der aus Machtgier mordet und sonstige Verbrechen begeht, strebt letztlich nach dem, was für ihn wirklich gut oder nützlich ist (Gorg. 466 a – 468 e), auch wenn er sich darüber täuscht. Ein Vorbild für ein wirklich gutes oder tugendhaftes Leben bietet für Platon sein Lehrer Sokrates in theoretischer und praktischer Hinsicht. Während die theoretische Weisheit des Sokrates als kritische Wissensprüfung in den meisten Frühdialogen im Vordergrund steht, widmet Platon seiner praktischen Weisheit des gelebten Lebens vier eigene Dialoge, die sämtlich von den letzten Wochen seines Lebens handeln: das Gespräch des Sokrates über die Frömmigkeit kurz vor seinem

Prozess (*Euthyphron*), die Verteidigung seines philosophischen Lebens vor Gericht (*Apologie*), sein Leben gemäß den selbst aufgefundenen Maximen und seine entsprechende Weigerung, die Gesetze ohne haltbaren Grund zu missachten (*Kriton*), sowie schließlich sein Dialog mit seinen Freunden über das Schicksal der Seele nach dem Tod und sein gelassenes Sterben (*Phaidon*). Wegen seiner vorbildlichen praktischen Lebensweise nennt ihn Platon im *Siebten Brief* den »gerechtesten aller damals Lebenden« (Epist. 7,324 e), aufgrund seiner vorbildlichen theoretischen Lebensweise aber ist er für ihn gemäß dem delphischen Orakel der »weiseste« Mensch (Apol. 21 b). Die Weisheit des Sokrates besteht darin, dass er sich dessen bewusst ist, in der wichtigsten Frage des Menschen – der nach dem Guten – keine sichere Antwort nach Art der Sophisten zu haben. Diese bilden sich nur ein, zu wissen, worauf es im Leben des Menschen ankommt, nämlich auf Reichtum, Macht und Erfüllung der Begierden. Sokrates dagegen ist davon überzeugt, dass ein derartiges Leben selbstzerstörerisch ist, und hat wenigstens ein umrisshaftes Wissen vom wirklich guten Leben. Ein derartiges Wissen lässt sich jedoch nicht nach sophistischer Art in Satzform lehren, sondern muss von jedem selbst erworben und praktiziert werden. (Martens 2004, 113–117) Insofern hat Sokrates weder eine Lehre noch Schüler. Insgesamt charakterisiert Platon das gute Leben des Sokrates allgemein als Einheit von Theorie und Praxis eines »täglich geprüften Lebens« (Apol. 38 a).

Für die Frage, worin Tugend inhaltlich besteht, ist Platons Frühdialog *Laches* über die Tapferkeit aus mehreren Gründen ein besonders gutes Beispiel. Mit der Tapferkeit steht zum einen die zentrale Tugend der homerischen Helden zur Diskussion, auf die an mehreren Stellen hingewiesen wird. Zum anderen macht der Dialogverlauf sichtbar, dass die Frage nach der Tugend nicht von der Frage nach ihrem Erkennen zu trennen ist, da ein wichtiger Aspekt des tugendhaften Lebens gerade darin besteht, ungeprüfte Meinungen nicht zu übernehmen. Am Beispiel der Tapferkeit im *Laches* lässt sich ferner zeigen, mithilfe welcher philosophischen Methoden Platon zu erkennen versucht, was Tugend wirklich ist. Der *Laches* führt in einer Methodenpraxis durch, worauf sich Platon in seinen späteren Dialogen in einer Methodenreflexion der Dialektik bezieht. Ein weiterer Grund für die Wahl des *Laches* als Beispiel besteht schließlich darin, dass der Dialog eine Art der Anamnesis oder Wiedererinnerung praktiziert, die ohne die Annahmen einer Zwei-Welten-Lehre auskommt und eine Definition aus einem umgangssprachlichen Vorverständnis und aus konkreten Problemerfahrungen heraus sichtbar werden lässt.

Zwar geht es im *Laches*, wie auch in den anderen Frühdialogen Platons, vordergründig um die Was-ist-das-Frage zur Definition eines ethischen Begriffs, die nach Aristoteles für Sokrates typisch ist. (Metaph. XIII 4) Die Definitionsfrage aber steht nicht von Anfang an im Vordergrund, vielmehr wird sie erst in der Mitte des Dialogs ausdrücklich gestellt. (Lach. 190 d) Außerdem ist die Methode der Begriffs- und Argumentationsklärung, für die Sokrates von Aristoteles besonders gelobt wird und die bis heute als Vorbild eines analytisch klaren Philosophierens gilt, noch mit weiteren Erkenntnismethoden verbunden. Nach Platon beginnt das Erkennen mit der Erfahrung und ist in einen praktischen Handlungszusammenhang eingebettet. Die beiden Väter Lysimachos und Melesias hatten sich an die Feldherren Laches und Nikias mit der Bitte um Rat gewandt, wie ihre Söhne »so gut wie möglich« (aristoi) werden könnten. (Lach. 179 b 2) Genauer wollten sie von Sokrates wissen, ob die in Athen bisher unbekannte Fechtkunst zu diesem Zweck geeignet sei. Da sich die beiden Feldherren als Fachmänner in militärischen Fragen uneins sind, wenden sich die Väter schließlich an Sokrates, der in Athen im Ruf steht, sich in der richtigen Erziehung auszukennen. Sokrates allerdings macht die Fragenden zu Befragten und verwickelt sie in einen Prozess der Selbsterkenntnis. Es geht dabei darum, ob sie wirklich wissen, was Tapferkeit oder Tugend generell ist und ob sie tugendhaft leben. Nikias warnt Laches, dass man, wie er aus eigener Erfahrung wisse, im Dialog mit Sokrates »so lange ohne Ruhe in der Rede herumgeführt wird, bis man dahin gerät, dass man über sich selbst Rechenschaft ablegen muss (logon didonai), auf welche Weise man jetzt lebt und auf welche Weise man sein vergangenes Leben gelebt hat«; er selbst jedenfalls halte es keinesfalls für »ein Übel, sich daran *zu erinnern* (hypomimneskesthai), worin wir nicht richtig gehandelt haben oder noch handeln« (Lach. 187 e–f). Die Prüfung besteht in einer »Wiedererinnerung« an das eigene Wissen und Leben. In diesem Zusammenhang ist der griechische Ausdruck »hypomimnestkesthai« statt passivisch »erinnert werden«, wie in Schleiermachers Übersetzung, besser mit »sich erinnern« wiederzugeben. Damit kommt die sokratische Mäeutik oder Hebammenkunst zum Ausdruck, bei der die Frage nach dem guten Leben zwar von außen angeregt und begleitet wird, aber von jedem für sich selbst gestellt und beantwortet werden muss. (Theaet. 149 a–152 d)

Wie man aber über eine so wichtige Frage wie die Tapferkeit philosophieren kann, wird Schritt für Schritt im Laufe des Dialogs als Methodenpraxis sichtbar. Sokrates geht nicht von leeren Begriffen oder Theorien aus, sondern orientiert sich an gemeinsamen Erfahrungen oder Beobachtungen von Phänomenen. Die elementare phänomenologische Methode, wie man sie nennen kann, zeigt sich im *Laches* in mehrfacher Hinsicht. Zunächst begründet Sokrates »die Art der Untersuchung« (Lach. 189 e) durch Analogie zu unseren sonstigen Entscheidungen im Alltag. Wie bei der Entscheidung über die Pflege des Körpers könne man sich auch bei der Entscheidung über die Erziehung als »Pflege der Seele« (Lach. 185 e) nicht auf ungeprüfte Meinungen verlassen, wenn man, so die implizite Prämisse, wirklich nützlich handeln will. Zudem geht Sokrates auch inhaltlich phänomenologisch vor, indem er den engen Erfahrungsbezug des Feldherrn Laches vom Hoplitenkampf der schwer bewaffneten Fußsoldaten auf die »Reiterei und auf das gesamte Gebiet des Krieges« erweitert. Außerdem erinnert er daran, dass wir von Tapferkeit nicht nur im militärischen, sondern auch im gesamten zivilen Bereich sprechen: »auch, wer in den Gefahren des Meeres tapfer ist, und wer in Krankheiten und in Armut oder auch im politischen Leben, und dann weiter, wer gegenüber Schmerzen und Ängsten tapfer ist, und auch, wer stark ist, gegen Begierden und Lust zu kämpfen, im Standhalten wie im Kehrtmachen« (Lach. 191 d). In diesen Beispielen wird sichtbar, dass Tapferkeit, verstanden als »Mannhaftigkeit« (griechisch »andreia«), eine Einengung ist, die nicht den Phänomenen des alltäglichen Vorverständnisses entspricht. Im weiteren Gesprächsverlauf rundet die beharrliche, und das heißt tapfere Suche nach der Definition der Tapferkeit (Lach. 194 a) die Phänomenologie der Tapferkeit ab. Im *Menon* bedeutet Tapferkeit darüber hinaus die beharrliche philosophische Suche nach der Wahrheit insgesamt. (Men. 86 b f.)

Schließlich wird auch die Form der von Sokrates intendierten Antwort als Frage nach der Idee der Tapferkeit auf eine phänomenologische Weise erschlossen. Nach der Ausweitung des Erfahrungsfelds tapferen Verhaltens fordert Sokrates Laches dazu auf, wie Schleiermacher übersetzt, »von der Tapferkeit zu sagen, was doch seiend (ti on) sie in allen diesen (Lagen) dasselbe ist (tauton estin)« (Lach. 191 e). Schleiermachers wortgetreue, wiewohl umständlich klingende Übersetzung gibt die Frage des Sokrates zutreffend wieder, wenn man etwa an die skizzierte Problemlage der Phaidros-Stelle denkt, dass wir uns in unserem Denken und Handeln auf »dasselbe« beziehen müssen, soll es erfolgreich sein. Dagegen suggeriert die Laches-Übersetzung von Jula Kerschensteiner mit der Formulierung »was sie ihrem Wesen nach ist« (Kerschensteiner 1975, 43), dass es sich bei der sokratischen Was-ist-das-Frage um die platonistische Frage nach einem »Wesen« oder der »Idee« im Sinne der Zwei-Welten-Lehre handele. Sokrates begründet jedoch nach mehreren unbefriedigenden Antwortversuchen den Sinn seiner Fragestellung nicht mit dem Bezug auf ein allgemeines Wesen, sondern mit der praktisch notwendigen Verständigung. Um nicht nach sophistischer Art vor Gericht bloß »leeres Zeug« zu reden (Lach. 196 b) oder von Verschiedenem auszugehen (Lach. 198 b), müsse man bei einer so wichtigen Angelegenheit wie der Erziehung wissen, ob sich alle auf »dasselbe« beziehen.

Um aber zu wissen, worüber man gemeinsam spricht, muss man das Vorverständnis klären, was einem bei der Frage nach der Tapferkeit als Antwort vorschwebt. Die hermeneutische Verständigung, wie man die zweite Methode des Erkennens nennen kann, ist sprachlich verfasst. Daher fordert Sokrates Laches dazu auf zu sagen, was ihm bei »Tapferkeit« vorschwebt. Sokrates erinnert Laches, dem es schwerfällt auszusprechen, was er »im Geiste sehe« (Lach. 194 b), daran, dass er sich offensichtlich in seinem Vorverständnis von Tapferkeit als Drauflosstürmen an den Heldenschilderungen Homers orientiere. (Lach. 191 a, 201 b) Die homerischen Deutungsmuster der kriegerischen Tapferkeit und der Tugend insgesamt sind es allerdings gerade, die problematisch geworden sind und einer kritischen Prüfung bedürfen. Zudem enthalten die herkömmlichen Vorstellungen von Tapferkeit außer phänomenologischen und hermeneutischen Verengungen auch begriffliche Unklarheiten und logische Widersprüche. Diese werden von Sokrates mit einer dritten, analytischen Erkenntnismethode aufgedeckt und kritisch geprüft. Für das Erkennen von etwas ist nun die begriffliche Wendung der Was-ist-das-Frage (ti estin, Lach. 190 e) zwar notwendig, aber längst nicht hinreichend. Um zu erkennen, was etwas wirklich ist, muss man vielmehr, wie es im Dialog *Laches* bereits praktiziert wurde, zunächst die Phänomene in den Blick nehmen und sich an sein Vorverständnis erinnern. Viertens gehört zum Philosophieren auch die kontroverse Erkenntnismethode von Rede und Gegenrede, die Sokrates im Gespräch mit seinen Gesprächspartnern praktiziert.

Insgesamt scheint der *Laches* trotz aller Erkenntnisbemühungen ohne Ergebnis zu enden. Tapferkeit, so scheint lediglich herauszukommen, ist weder ein blindes Drauflosstürmen noch eine klug kalkulierte Bewältigung von Gefahren. Die von Sokrates behauptete Aporie oder »Ausweglosigkeit« besteht allerdings nur vordergründig. Vielmehr wird für den Leser als mitdenkenden Dialogpartner wenigstens umrisshaft sichtbar, worin die gesuchte Idee der Tapferkeit besteht, die in allen Situationen für alle als Bezugspunkt »dasselbe« ist. Damit münden die vier genannten Erkenntnismethoden, so fünftens, in einer wohlverstandenen Ideenerkenntnis oder in der Erkenntnis des »Wesens« der Tapferkeit. Einen ersten Hinweis, was die Idee der Tapferkeit ist, gibt die auffallend häufige Erwähnung des zeitgenössischen Musiktheoretikers und -lehrers Damon und seiner »dorischen Tonart« (Lach. 180 c, 188 d, 193 d, 197 d). Die »dorische Tonart« gilt nach Damon als ruhig oder männlich und bildet eine an Aristoteles erinnernde »Mitte« (Nikom. Eth. II 8) zwischen den beiden Extremen einer schlaffen und einer leidenschaftlichen Tonart. Ähnlich ist die Tapferkeit nach Aristoteles die ausgewogene Mitte zwischen Feigheit und Tollkühnheit. (Nikom. Eth. II 7) Eine Verbindung von Musiktheorie und Tugendlehre behauptet auch Damon selbst ausdrücklich, wenn er von der Verwandtschaft der Musik mit den Regungen der Seele und ihrer Bedeutung für das Handeln des Einzelnen und der Polis spricht. (Diels/Kranz 1966, II 37)

Auf Damons Ethos der Musik bezieht sich auch Platon im *Staat*: »So wollen wir denn erst mit dem Damon beraten, was für Bewegungen wohl der Gemeinheit, dem Mutwillen, der Wildheit und andern Schlechtigkeiten angemessen sind und was für Zeitmaße wir für die entgegengesetzten Bewegungen aufbewahren müssen.« (Rep. III 400 a f.) Durch den Hinweis auf Damons Lehre macht Platon bereits im scheinbar aporetischen Dialog *Laches* für Kenner der damaligen Musiktheorie deutlich, dass die gesuchte Idee der Tapferkeit in einem Ausgleich von zwei Extremen besteht. Aber auch ohne diesen fachlichen Hinweis kann man im *Laches* erkennen, worin für Platon Tapferkeit besteht. In der Schlussaporie des Dialogs

(Lach. 200 e) scheinen die beiden Antworten von Laches und Nikias unvermittelt nebeneinander zu bestehen. Während für Laches bei der Tapferkeit vor allem der Affekt im Vordergrund steht, das in Damons Sinne »leidenschaftliche« Drauflosstürmen auf einen Feind, betont Nikias vor allem die Notwendigkeit einer klugen, »weichen« Einschätzung einer gefährlichen Situation. Beides aber, so erinnert Sokrates an ein gemeinsames Vorverständnis, macht allein für sich genommen keineswegs Tapferkeit aus. Vielmehr muss jeweils gefragt werden, ob sich das gemeinte tapfere Verhalten auf ein gutes Ziel bezieht, da Tapferkeit, wie zu Dialogbeginn festgestellt wurde, etwas Gutes sein soll. Offensichtlich, so lässt sich die Aporie auflösen, gehören alle drei zusammen: Affekt, Klugheit und das gute Ziel. Affekt und Klugheit müssen in einem ausgewogenen Verhältnis zueinander stehen und beides zusammen muss sich auf ein als gut erkanntes Ziel beziehen. Der Dialog *Laches* erinnert somit an das, was die Unterredner als Vorverständnis von Tapferkeit und vom guten Leben von ihrer wohlverstandenen Lebenserfahrung her mitbringen, teilweise jedoch vergessen haben und in ihrem Leben praktisch missachten. Die Idee oder Struktur der Tapferkeit ist ihnen zwar dunkel bewusst, sie können sie aber nicht deutlich genug erkennen und in ihrem Leben nicht ausreichend beachten.

Dasselbe Verhältnis von Affekt, Klugheit und gutem Ziel als Idee der Tapferkeit lässt sich bereits in Homers *Ilias* erkennen. Im Mittelpunkt der ersten achtzehn Bücher der *Ilias* mit ihren insgesamt vierundzwanzig Büchern steht der Zorn des tapferen Helden Achilleus. Dieser verweigert Agamemnon, dem Heerführer der Griechen im Kampf um Troja, die Gefolgschaft, weil er ihm die schöne Briseis als Kriegsbeute verweigert und für sich behalten habe. Erst nachdem zahlreiche Griechen, vor allem aber sein bester Freund Patroklos, im Kampf gefallen sind, stellt Achilleus seinen Zorn zurück und beteiligt sich wieder am Kampf gegen den gemeinsamen Feind. Er ist zu der Einsicht gekommen, dass er seinen Affekt

des Zorns beherrschen muss, um sich für ein gutes Ziel einzusetzen: das Überleben seiner Freunde und der Griechen
insgesamt im Kampf gegen die Feinde. Die Einsicht in das
»Beßre« drückt Achilleus in seiner Rede vor der Heeresver-
sammlung aus, indem er sich an seinen Rivalen Agamemnon
wendet:

»Atreussohn, war dies denn nun für uns beide das Beßre,
Dir und mir, daß beide wir uns bekümmerten Herzens
Wegen des Mädchens entzweiten in mutverzehrendem
           Streite?
Hätte sie Artemis doch mit dem Pfeil bei den Schiffen getötet
An dem Tag, als ich selber sie raubte, Lyrnessos zerstörend;
So viel Achäer hätten dann nicht in den Boden gebissen
Unter den Händen der Feinde, da ich ja im Zorne verharrte,
Das war den Troern von Vorteil und Hektor […].
Aber lassen wir nun das Geschehne, so sehr es uns kränkte,
Laßt uns das Herz in der Brust nun notgedrungen
           bezwingen.
Nun beende ich dir den Zorn, ich muß ja doch auch nicht
Unabänderlich zürnen […].«

    (Ilias IXX, 56–68, Übers. Hampe 1979, 399f.)

Am Ziel des Guten oder Nützlichen muss sich das tapfere
Handeln ausrichten und hierfür den Affekt des Zorns durch
Überlegung bezwingen. Allerdings ist bei Homer noch keine
Reflexion darüber zu finden, was Tapferkeit ist – sie war noch
nicht problematisch geworden.

Bei seiner Antwort auf die Frage nach der Tapferkeit kann
sich Platon auf allgemeine menschliche Erfahrungen und
Deutungen berufen. Er muss weder auf die Verkündigung
einer höheren, göttlichen Weisheit noch auf eine metaphysische Wesens- oder Ideenschau zurückgreifen, sondern
braucht lediglich Schritt für Schritt die Erkenntnismethoden
anzuwenden, die uns als Menschen zur Verfügung stehen.
Eine platonistische Ideenschau dagegen würde einer Inspira-

tion der Musen durch die Götter entsprechen, auf die sich Hesiod im Proömion der *Werke und Tage* und Parmenides in seinem Lehrgedicht über das Sein als privilegiertes Dichterwissen berufen. Die platonische Ideeneinsicht dagegen ist erfahrungsgestützt und im Prinzip von jedermann nachvollziehbar – sie ist keine »Scheinerleuchtung« im wittgensteinschen Sinne.

Um zu bestimmen, was Tapferkeit ihrer Idee oder allgemeinen Struktur nach ist, wendet Platon auch im IV. Buch des *Staates* die bereits im *Laches* erkennbaren philosophischen Erkenntnismethoden an, wobei er ebenfalls auf eine Ideenschau verzichtet. Er geht von allgemeinen Erfahrungen aus und unterscheidet in einer Phänomenanalyse verschiedene Seelenregungen, die jedem bekannt seien: »Merken wir nicht oftmals, wenn jemanden Begierden gegen seine Überlegung zwingen, dass er selbst schimpft und sich ereifert über das Zwingende in ihm? Und dass also in dem Aufstand beider gegeneinander der Eifer eines solchen ein Verbündeter der Vernunft wird?« (Rep. IV 440 a–b) Als Beispiel führt Platon an, wie man einerseits neugierig die Leichen der gefallenen Feinde sehen will, andererseits aber von einem Schamgefühl davon abgehalten wird.

Aus seiner Phänomenanalyse und der damit verbundenen Deutung als Widerstreit von Begierde und Vernunft sowie der Bändigung des Widerstreits durch eine dritte Instanz leitet Platon die drei unterschiedlichen Seelenteile des Begehrlichen, Mutigen und Vernünftigen ab und ordnet ihnen die Tugenden der Besonnenheit, Tapferkeit und Weisheit sowie den Nährstand, Wehrstand und Lehrstand der Polis zu. Erst nach einer derartigen Vorarbeit steht einem wie in einem intuitiven Akt die Idee oder Struktur der Tapferkeit vor dem geistigen Auge – plötzlich sieht man, was Tapferkeit ist: »Tapfer also, meine ich, nennen wir jeden Einzelnen vermöge dieses Teils, wenn sein Mutartiges durch Lust und Unlust hindurch immer bewahrt, was von der Vernunft als furchtbar angekündigt worden ist und was als nicht furchtbar.«

(Rep. IV 442 b–c) Wenn jeder einzelne Seelenteil und der entsprechende Stand der Polis »das Seine tut« und somit jeweils besonnen, tapfer und weise ist, sind der Einzelne und die Polis insgesamt gut oder »gerecht« (Rep. IV 444 d ff.). Eine so geordnete, harmonische Seele ist »die Natur, durch die wir leben« (Rep. IV 445 a), nicht aber eine Natur als Unordnung der Seelenteile, wie die Sophisten in Verkennung der Phänomene annehmen. Damit ist für Platon die Antwort auf die im *Staat* anfangs gestellte Frage gefunden, »wie man leben soll« (Rep. I 352 d). Eine durch Machtgier, übermäßige Lüste oder Unverstand ungeordnete oder unharmonische Seele zerstört sich selbst. (Phlb. 64 d) Dagegen ist die Ordnung oder Harmonie der Seelenteile für das Leben des Einzelnen und der Polis »gesund«. Für seine Antwort auf die Frage nach dem guten Leben erinnert Platons Sokrates daran, worin für uns die »Gesundheit der Seele« (sophrosyne) erfahrungsgemäß besteht (Charm. 157 a). Daher fragt er nicht nur nach der schönen äußeren »Gestalt« (eidos) des jungen Charmides, sondern vor allem danach, ob er »an der Seele wohlgestaltet ist« (Charm. 154 d–e). »Wohlgestaltet« aber ist die Seele, wenn ihre Teile einen »Kosmos« darstellen, was wörtlich übersetzt Schmuck, Ordnung oder Harmonie bedeutet. (Vgl. Wolf 1996, 151 ff.)

Insgesamt vertritt Platon eine Position, die man als aufgeklärten, langfristigen Utilitarismus bezeichnen kann und die keineswegs mit einem egoistischen Nützlichkeitsdenken nach Art der Sophisten zu verwechseln ist. Danach haben die einzelnen Menschen und die Polis nicht durch das Unrechtleiden, sondern durch das Unrechttun den höchsten Schaden. Platon ist davon überzeugt, dass der maßlose Mensch und nicht der tugendhafte der Dumme ist und in seinem Leben trotz des äußeren Anscheins langfristig keinen wirklichen Nutzen hat. Unter dem Eindruck der Gesetzgebung seines Vorfahren Solon plädiert er dafür, das von ihm diagnostizierte Machtstreben und die Habgier seiner Zeit durch eine Lebensweise des Ausgleichs und des Maßes zu überwinden.

In dieser Auffassung war er offensichtlich auch durch den Pythagoreer Archytas von Tarent auf seiner ersten Sizilienreise bestärkt worden. (Riedweg 2007, 145–147) Die Vorstellung von Tugend als Ausgleich steht der zu Platons Zeit vorherrschenden Vorstellung und Praxis von Tugend als unbeherrschtes Mehr-haben-Wollen diametral entgegen. Daher ruft Kallikles im Gespräch mit Sokrates schließlich aus: »Sage mir, Sokrates, sollen wir denken, du treibst jetzt Ernst oder Scherz? Denn wenn du es ernstlich meinst und das wahr ist, was du sagst, so wäre ja wohl das menschliche Leben unter uns ganz verkehrt und wir täten in allen Dingen das gerade Gegenteil, wie es scheint, von dem, was wir sollten.« (Gorg. 481 b–c.) Überzeugen aber kann Sokrates einen Machtmenschen wie Kallikles kaum. Er kann nur diejenigen in ihrer Auffassung und Lebensweise bestärken, die ohnehin schon davon überzeugt sind, indem er sie, wie der Dialog *Laches* gezeigt hat, an ihre vergessenen Erfahrungen erinnert und ihnen die darin enthaltene allgemeine Idee oder Struktur der Tugend vor Augen führt. Daher will und kann Sokrates nicht als Lehrer wirken, vielmehr verhilft er lediglich als »Hebamme« seinen Dialogpartnern zur Selbsterkenntnis und zum Selbstdenken.

Mit der Bestimmung der einzelnen Tugenden und ihrer Zuordnung zu den Teilen der Seele und den Ständen der Polis hat Platon zwar ein allgemeines Struktur- oder Prinzipienwissen erarbeitet, das als Orientierung für das Handeln und Leben des Einzelnen und der Polis dienen kann, er hat damit aber nichts über dessen konkrete Anwendung gesagt. Dies findet man bei ihm an anderen Stellen. Platon gibt sich in der Tat nicht mit allgemeinen Definitionen der Tugenden zufrieden, die man wie eine Formel aufschreiben kann. Vielmehr kritisiert er besonders im Bereich des politischen Handelns eine Orientierung an starren Gesetzen. Wenngleich er eine Orientierung an allgemeinen, auch schriftlich fixierten Gesetzen oder Prinzipien fordert, hält er doch für den Einzelfall eine genaue Prüfung der jeweiligen Umstände sowie deren

Einzelbeurteilung für notwendig, »weil das Gesetz nicht imstande ist, das für alle Zuträglichste und Gerechteste genau zu umfassen und so das wirklich Beste zu befehlen. Denn die Unähnlichkeit der Menschen und der Handlungen, und dass niemals irgendetwas sozusagen Ruhe hält in den menschlichen Dingen, dies gestattet nicht, dass irgendeine Kunst in irgendetwas für alle und zu aller Zeit Einzigartiges hinstelle.« (Polit. 294 a–b) Daher können Gesetze, egal ob schriftlich formuliert oder mündlich überliefert, nur »aus dem Groben« Anordnungen festlegen. (Polit. 295 a) Damit formuliert Platon in den Grundzügen eine Einsicht, an die Aristoteles in der *Nikomachischen Ethik* anknüpft. Zwar müsse sich das Handeln prinzipiell an der Tugend als »richtiger Mitte« zwischen zwei Extremen orientieren, etwa an der Tapferkeit als der richtigen Mitte zwischen Feigheit und Tollkühnheit. Aber es sei beispielsweise für den Zorn »im Einzelnen nicht leicht zu unterscheiden, wie, wem, worüber und wie lange Zeit man zürnen soll« (Nikom. Eth. II 8). Wegen der Komplexität und Verschiedenheit der Einzelfälle kommt es nach Aristoteles zusätzlich zu der Situationsanalyse auf die Urteilskraft (phronesis) an. (Nikom. Eth. VI 5) Die Urteilskraft leitet das Urteil über den Einzelfall nicht deduktiv aus allgemeinen Prinzipien ab, sondern beurteilt den Einzelfall mithilfe eines Prinzipienwissens und einer detaillierten Faktenkenntnis aufgrund von Erfahrung und Übung ohne Anspruch auf letzte Sicherheit.

Ein Beispiel für das Zusammenwirken von Prinzipienwissen, Situationsanalyse und Urteilskraft findet man bei Platon bereits im Frühdialog *Kriton.* Dort geht es um die Frage, ob Sokrates das Angebot seines alten Freundes Kriton annehmen soll, die vorbereitete Flucht aus dem Gefängnis anzutreten. Kriton rät Sokrates aus mehreren Gründen zur Flucht. (Crit. 44 b – 46 a). Zunächst bringt er als sein subjektives Interesse vor, dass er und andere Sokrates als Freund nicht verlieren möchten, aber auch nicht bei »den Vielen« oder »der Menge« in den schlechten Ruf unterlassener Hilfeleistung geraten wollen. Darüber hinaus weist Kriton darauf hin, dass die notwendigen Bestechungsgelder für die Wärter von ihm beziehungsweise anderen Freunden bereitgestellt seien und Gastfreunde in Thessalien Sokrates aufnehmen wollten. Schließlich macht er als Gesichtspunkt der Pflichterfüllung geltend, dass Sokrates sich nicht selbst preisgeben dürfe, dass er für seine Söhne sorgen müsse und dass es eine Schande wäre, wenn ihm seine Freunde nicht in der Not helfen würden. In seiner Erwiderung (Crit. 46 a – 54 e) unterzieht Sokrates die vorgeschlagene Handlung der Flucht in seiner gewohnten Art anhand der gemeinsam entwickelten Überzeugungen einer Prüfung: Nicht das bloße Leben oder Überleben, sondern das gute Leben ist am wichtigsten; gut leben aber bedeutet ehrenvoll und gerecht leben; auch bei erlittenem Unrecht darf man nicht freiwillig oder vorsätzlich Unrecht tun, weil dies einem selbst schaden würde; man muss Versprechen halten, etwa das des Gehorsams gegenüber den Gesetzen der Polis Athens. Diese Prinzipien hat Kriton mit seinem Vorschlag zur Flucht aus Sicht des Sokrates nicht beachtet: Der gute Ruf bei der Menge ist weniger wert als der gute Ruf bei vernünftigen Menschen; ein Leben außerhalb seiner Heimatstadt Athen ist nicht besonders erstrebenswert; sein Leben hat für ihn mit siebzig Jahren lange genug gedauert; für seine Söhne ist ausreichend gesorgt. Von seinen Prinzipien und der Einzelfallanalyse her ergibt sich für Sokrates das Urteil, dass es nicht richtig ist, auf Kritons Rat zu hören und aus dem Gefängnis zu fliehen.

Auch wenn im *Kriton* die Struktur der Entscheidungsfindung und die Rolle der Urteilskraft von Platon nicht ausdrücklich benannt werden, lässt sich beides dennoch der Sache nach erkennen. Allerdings hat Platon bei seiner autoritären Philosophenherrschaft und rigorosen Gesetzgebung weder im *Staat* noch in den *Gesetzen* die Rolle der Situationsanalyse und der Urteilskraft ausreichend beachtet. Offensichtlich war er stärker an der Ausarbeitung eines allgemeinen Prinzipienwissens und fester Regelungen als an einer konkreten Entscheidungsfindung und Urteilskompetenz der Bürger oder einer demokratischen Regierung interessiert. Für ihn waren die Ausarbeitung der Erkenntnis- und Wertebasis sowie die Ausbildung und Bildung der Philosophenherrscher die vorrangige Aufgabe. Es ging ihm darum, die mythologische Götterwelt Homers und den Relativismus der Sophisten durch philosophische Grundlagenreflexion zu überwinden, um das gute Leben der Polis und der Einzelnen zu ermöglichen. An eine demokratische Entscheidungsfindung dagegen im heutigen Sinne war für ihn aus seinen zeithistorischen Erfahrungen heraus erst gar nicht zu denken.

Die Frage nach dem Erkennen von Wirklichkeit – die Ideen

Ausgangs- und Zielpunkt der Philosophie Platons ist die Frage danach, was das gute Leben wirklich ist. Wie bereits am Beispiel des Dialogs *Laches* deutlich wurde, kann die praktische Frage nach dem guten Leben allerdings nicht von der theoretischen Frage losgelöst werden, wie wir erkennen können, was etwas wirklich ist, und das heißt für Platon, was unabhängig von beliebigen Einzelmeinungen für alle »dasselbe« ist. Damit stellt sich für Platon die Frage nach den Ideen. Allerdings wird eine Ideenlehre in Platons Schriften nirgendwo zusammenhängend und ausführlich entwickelt oder dargestellt. Wo man sie am ehesten erwarten könnte, etwa in dem sprachphilosophischen Dialog *Kratylos* oder im erkenntnistheoretischen Dialog *Theätet*, werden die Ideen nur indirekt erwähnt. An den Stellen dagegen, an denen von Ideen ausdrücklich die Rede ist, werden sie als »abgedroschene« Hypothese (Phaed. 100 a ff.) oder als »auch sonst schon oft Erklärtes« (Rep. X 507 a) bezeichnet und relativ knapp nach Art der platonistischen Zwei-Welten-Lehre beschrieben. Danach scheinen die Ideen geistige Gegenstände zu sein, die von der Sinnenwelt getrennt sind, an denen wir aber »teilhaben« und an die wir uns vage »erinnern«, um sie schließlich wie in einer plötzlichen intuitiven Schau erkennen und praktisch anwenden zu können. Im *Laches* dagegen wurde bereits ein ganz anderes Verständnis der Ideen angedeutet. Demnach sind die Ideen von vornherein in die Sinnenwelt eingebettet. Sie stellen eine Struktur der Wirklichkeit dar, von der wir in unserem Denken und Handeln immer schon implizit Gebrauch machen und die sich in einem schrittweise erfolgenden Erkenntnisprozess mithilfe verschiedener Methoden nachträglich erschließen lässt. Wie die »vielen« Sinnendinge mit der »einen« Idee verbunden sind, lässt sich nicht in einem intuitiven Akt erfassen und in einer abstrakten Lehre mitteilen, sondern ist eine Erfahrung, die sich nur in einem mühsamen Prozess des konkreten Erkennens jedem selbst als allgemeine Einsicht erschließt.

Eine Ideenlehre in Form einer abstrakten Lehre von rein geistigen Prinzipien dagegen, die sich als »Platons ungeschriebene Lehre« (Gaiser 1963) aus späteren Quellen rekonstruieren ließe, hat für Leser oder Zuhörer, die nicht selbst den oft mühsamen konkreten Prozess des Erkennens durchgemacht haben, keinen Erkenntniswert. Daher mussten die Besucher von Platons Altersvorlesung »Über das Gute« notwendigerweise enttäuscht werden. Wie Aristoteles als Zeuge berichtet, hatten sie in der Akademie eine Vorlesung über das »menschliche Gute wie Reichtum, Gesundheit, Stärke oder insgesamt über ein wundervolles Glück« erwartet, wurden aber enttäuscht, als sie Platons Darlegungen über »Zahlen, Geometrie und Astrologie hörten und schließlich, daß das Gute das Eine ist« (zit. nach Gaiser 1963, 452). Versucht man allerdings, Platons Ideen und Prinzipien von ihrer konkreten Entstehungs- und Verwendungspraxis her nachzuvollziehen, ergibt die zunächst unverständliche Redeweise vom »Einen« und von den »Zahlen« durchaus einen Sinn als Antwort auf die Frage nach dem Guten und danach, was eine Idee ist.

Umgangssprachlich ist »Idee« ein Lehnwort, das auf das griechische Wort »eidos« zurückgeht und das äußere Aussehen oder, wörtlich übersetzt, die »Gestalt« von etwas oder jemandem meint. An eine Idee oder Gestalt kann man sich, so eine erste epistemologische Bedeutung, wie an ein inneres Muster erinnern, wenn man etwas oder jemanden *als* etwas oder *als* jemanden wiedererkennt. So kann man sich an das Aussehen oder die Gestalt des schönen Charmides im Unterschied zu den anderen jungen Leuten (Charm. 154 d 2) »erinnern« (Phaed. 73 d 8), entweder wenn man an ihn denkt oder wenn man ihn unmittelbar *als* schön wahrnimmt. »Eidos« kann zweitens auch in einem ontologischen Sinne eine biologische Art bedeuten, etwa die Bienenart. (Men. 72 b) Sokrates fragt im *Menon* zur Erläuterung seiner Was-ist-das-Frage, ob auch die einzelnen Tugenden (Men. 72 a) typische oder wesentliche Eigenschaften haben, die man in einer Definition als Gestalt oder Idee wie im Bienenbeispiel zusammenfassen kann. Drittens wird bei Platon unter »Idee« in einem normativen Sinne auch die »Bestform« (arete) von etwas verstanden, etwa die Schärfe eines Messers oder die Geschwindigkeit eines Pferdes. (Gorg. 506 d)

Für »eidos« findet man bei Platon häufig auch den Ausdruck »idea«. Umgangssprachlich und in Platons Fachterminologie sind beide Ausdrücke austauschbar. Allerdings lässt sich in einer Nuance ein Unterschied feststellen, auf den Gadamer aufmerksam macht. Während »eidos« das »Objekt« des Erkennens im Sinne von »Aussehen« meine, lasse »idea« als »›Ausblick‹ das ›Blicken‹ als Erkenntnisvorgang mit anklingen« (Gadamer 1991, 143). So werde die »Idee des Guten« bei Platon nicht mit »eidos«, sondern mit »idea« benannt, um den »Ausblick auf das Gute hin« zu betonen, das nur schwer als Gestalt zu fassen sei. Für »Idee« sind bei Platon auch andere Ausdrücke einsetzbar: »Wesen« (ousia, wörtlich: Habe, Besitz), »Natur« (physis), »Vorbild« (paradeigma), »x selbst« (x auto) oder »x-heit« (to x, z. B. »das Schöne« oder »Schönheit«). Die Ausdrücke zielen auf das, was »das wahrhaft Seiende« (to alethos on) oder »die Sache selbst« (to pragma auto) ist beziehungsweise »wie sich etwas (wirklich) verhält« (pos echei). Damit hat »Idee« bei Platon primär eine ontologische, für das Erkennen verbindliche Bedeutung.

Wir setzen, etwa in dem anfangs zitierten Beispiel aus dem *Phaidros* oder im *Laches*, in unserem Sprechen, Denken und Handeln so etwas wie »Idee« als einen Bezugspunkt voraus, der für alle als »dasselbe« verbindlich ist. Was »dasselbe«, verstanden als »Idee«, *ist* oder worin sein ontologischer Status besteht, ist in normalen Sprechsituationen kein Problem. Die Idee wird erst dann zum Problem, wenn man in wichtigen Fällen darüber streitet, was der »richtige« Begriff ist und wie man die »richtige« Verwendung von Begriffen festlegen kann. Die Sophisten wie auch Sokrates stellen zwar die Frage, was etwas *ist* (ti estin). Die Sophisten und der platonische Sokrates haben aber bei der Was-ist-das-Frage entgegengesetzte Vorstellungen darüber, worauf sich diese Frage bezieht und wie man den Bezug festlegen kann. Ihr gemeinsames Verdienst besteht zunächst darin, als Erste die Verwendung ethischer Begriffe untersucht zu haben. Dies trug ihnen gemeinsam die Kritik derjenigen ein, die trotz der unübersehbaren Werteverunsicherung an den traditionellen Wortverwendungen und Wertevorstellungen kritiklos festhalten wollten. So wird in Aristophanes' Komödie *Die Wolken* (Vers 358ff.) Sokrates wegen seiner Was-ist-das-Frage mit dem Sophisten Prodikos und dessen Kunst der Wortunterscheidung gleichgesetzt – ein folgenreicher Spott, der zu seiner Verurteilung als »Verderber der Jugend« beitrug. (Apol. 18 a, 24 b) Bei der Definitionsfrage geht es auch Sokrates zunächst darum, sinnverwandte Wörter voneinander zu unterscheiden. Wer sich aber lediglich auf Nominaldefinitionen versteht, ist nach Platon zu keiner ernsthaften Wahrheitssuche fähig. (Theaet. 151 b) Denn nur wer Sachdefinitionen verwendet, kann Wirklichkeit erkennen und hat für sein Reden und Handeln einen wirklichen »Nutzen«. (Crat. 387 a–c)

Was nach Platon unter einer Sachdefinition als Orientierung für unser Denken und Handeln zu verstehen ist, hat sich bereits im *Laches* angedeutet und wird am Beispiel des Dialogs *Euthyphron* noch deutlicher, vor allem als Kritik an der traditionellen Orientierung an Homers Götterwelt. In diesem Text wird auch zum ersten Mal die Rolle der Mathematik für Platons Vorstellung von Idee sichtbar. Im *Euthyphron* trifft Sokrates kurz vor seinem eigenen Prozess wegen »Unfrömmigkeit« (Euthyph. 5 c 7) vor dem Gerichtsgebäude auf den gleichnamigen Seher. Dieser hat gerade gegen seinen eigenen Vater eine Klage wegen Totschlags eingereicht, weil dieser seinen Sklaven habe umkommen lassen, und er muss sich deswegen von seinen Verwandten schwere Vorwürfe anhören. Als Seher aber hält er sich für einen Fachmann in Fragen der Frömmigkeit und bezeichnet, von Sokrates ironisch als Lehrer für seine eigene Anklage angesprochen, auch seine jetzige Handlungsweise selbstsicher als fromm: »Ich sage, dass eben das fromm ist, was ich jetzt tue, nämlich den Übeltäter [...] zu verfolgen, sei er auch Vater oder Mutter oder wer sonst immer.« (Euthyph. 5 d) Als Vorbild oder Rechtfertigung beruft sich Euthyphron auf das Handeln von Zeus, der ebenfalls ohne Ansehen der Person begangenes Unrecht verfolgt und seinen eigenen Vater Kronos entmannt hat, weil dieser seine Söhne verschlungen hatte. (Euthyph. 5 e–f; vgl. Hesiod, Werke u. Tage, 453 ff.) Nachdem Euthyphron als Antwort auf die Frage, was Frömmigkeit ist, lediglich auf ein Beispiel, dazu noch auf sein eigenes, gerade strittiges Beispiel verwiesen hat, fordert ihn Sokrates auf, Kriterien zu nennen, nach denen man einzelne strittige Beispiele oder Fälle beurteilen kann: »Erinnere dich bitte, dass ich dich nicht aufgefordert habe, ein oder zwei von den vielen Fällen von Frömmigkeit zu nennen, sondern jene Gestalt selbst (auto to eidos), durch die alle Fälle von Frömmigkeit fromm sind. Denn du hast doch gesagt, dass durch eine Gestalt (mia idea) alles Unfromme unfromm und das Fromme fromm ist.« (Euthyph. 6 d)

Die umgangssprachliche Redeweise von »Idee« enthält für Euthyphron von der Form her keinerlei Problem, wie seine zweite Antwort zeigt: »Was den Göttern lieb ist, ist fromm.« (Euthyph. 7 a) Diese Antwort kritisiert Sokrates allerdings von ihrem Inhalt her mit dem Hinweis darauf, dass keineswegs allen Göttern dasselbe lieb ist und dass sie selbst nicht bedenkenlos als moralische Vorbilder gelten können, man denke etwa an das Handeln des Zeus gegenüber seinem Vater. Dabei setzt er offensichtlich die bereits erwähnte Götterkritik des Xenophanes voraus. Daher könne die Liebe oder Wertschätzung der Götter für eine Handlung nicht Grund für das »Fromme« sein, vielmehr verhalte es sich genau umgekehrt: Weil etwas an sich schätzenswert ist, ist es auch für die Götter schätzenswert. (Euthyph. 10 d) Nach dem Scheitern der zweiten Definition versucht Sokrates, die Begriffsklärung mit einer eigenen dritten Definition voranzubringen: »Sieh nämlich, ob dir nicht notwendigerweise alles Fromme gerecht zu sein scheint. – So scheint es mir. – Also auch alles Gerechte fromm? Oder ist das Fromme zwar insgesamt gerecht, das Gerechte aber nicht insgesamt fromm, sondern einiges von ihm ist zwar fromm, anderes davon aber auch etwas anderes?« (Euthyph. 11 e – 12 a)

Die Frage des Sokrates an Euthyphron leitet eine längere Passage über das Verhältnis von Ober- und Unterbegriffen beziehungsweise über die »Idee« als gegliederte Gestalt ein. Was »Idee« als gegliederte Gestalt bedeutet, erläutert Sokrates anhand des geometrischen Beispiels vom »Geraden« und »Ungeraden«. »Das Gerade« sei diejenige Zahl, »welche nicht schief, sondern gleichschenklig ist«, während »das Ungerade« die »schiefe« Zahl sei. Offensichtlich rekurriert Platon damit auf die Mathematik der Pythagoreer, die »Zahl und Gestalt« (Stenzel 1959) aufeinander beziehen, indem sie arithmetische Verhältnisse mithilfe von Zeichnungen geometrisch darstellen. (Becker 1964, 34–41)

Platons Sokrates spielt auf die geometrische Darstellung von Zahlen durch Dreiecksseiten an. Danach hat das »gleichschenklige« Dreieck zwei gleiche Seiten, das »schiefe« Dreieck dagegen hat drei ungleiche Seiten. Das »gleichschenklige« Dreieck stellt beispielsweise die Zahl acht geometrisch mithilfe von zwei gleichen Seiten dar (vier und vier), das »schiefe« Dreieck dagegen stellt die Zahl fünf mithilfe von zwei ungleichen Seiten dar (drei und zwei). Von ihrer Gestalt her ist daher die gerade Zahl (acht) als ein »gleichschenkliges« Dreieck darstellbar, die ungerade Zahl (fünf) dagegen als ein »schiefes« Dreieck. (Vgl. Abb. 1)

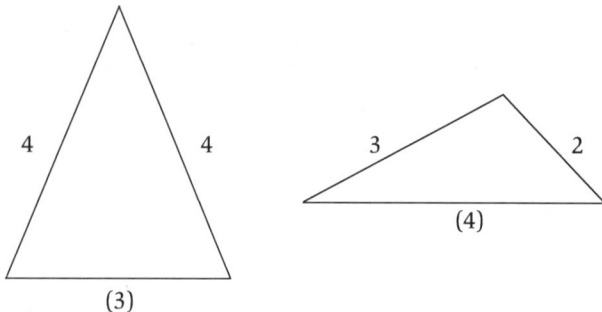

Abb. 1

Am Modell der pythagoreischen Darstellung von Zahlen als geometrische Gestalten lassen sich einige typische Redeweisen erklären, die Platon an verschiedenen Stellen seiner Dialoge im Zusammenhang mit den Ideen verwendet:

(1) Wie man eine Zahl als geometrische Gestalt ansehen kann, kann man auch ein sinnliches Etwas als Gestalt oder Idee ansehen.

(2) Wie sich die geometrische Gestalt in verschiedene Teile gliedert, etwa das Dreieck in »schiefe« und »gleichschenklige« Dreiecke, gliedert sich auch eine Idee als Oberbegriff in mehrere Unterbegriffe. So ist etwa die Frömmigkeit ein bestimmter »Teil« der Gerechtigkeit.

(3) Wie die Gestalt der Zahlen ist auch die Idee nicht Sache beliebiger Setzung. Wie das »schiefe« kein »gerades« Dreieck ist, ist auch ein »Pferd« kein »Esel« oder »gerecht« nicht »ungerecht« oder »fromm« nicht »unfromm«.

(4) Die Gestalten der Zahlen kann man nicht ohne Vorarbeit in einem einzigen Blick erfassen, sondern man muss sie zuvor Schritt für Schritt hergestellt haben. Ähnlich kann man sich auch die Einsicht in die Ideen nur Schritt für Schritt erarbeiten. So wird zum Schluss des *Euthyphron* die Idee der Frömmigkeit als »Dienst an den Göttern« im Sinne eines gerechten Lebens angedeutet.

54

(5) Während die Erkenntnis mathematischer Zahlen als Gestalten für alle Einzelfälle wahr ist, ist die Erkenntnis von Ideen nur allgemein wahr, in der einzelnen Anwendung aber durchaus strittig. Selbst wenn man nämlich ein sicheres Ideen- oder Prinzipienwissen der Tugenden mühsam erreicht hätte, müsste man im Unterschied zur deduktiven Anwendung mathematischer Sätze für ihre Anwendung auf den Einzelfall zusätzlich eine Situationsanalyse vornehmen und ein Urteil fällen, wie am Beispiel des *Kriton* gezeigt wurde.

Im Dialog *Phaidros* greift Platon auf die methodischen Überlegungen im *Euthyphron* zurück und bezeichnet das Erkennen der Idee im Sinne einer gegliederten Gestalt als Vorgang der Dihairesis (Teilung) in Ober- und Unterbegriffe. (Phaedr. 266 b) Dihairesis ist zugleich der Prozess und das Produkt des Erkennens und wird von Platon auch Dialektik genannt. Diese arbeitet schrittweise die Idee als sachgemäße Gliederung von Ober- und Unterbegriffen heraus. Bei seinem Verständnis von Dialektik geht Platon vom umgangssprachlichen Gebrauch des Wortes »dialegesthai« aus. »Dialegesthai« heißt wörtlich »durchsprechen« und hat die doppelte Bedeutung von »auswählen« und »unterscheiden«. Im Unterschied zu den Sophisten zielt Sokrates nach eigenem Verständnis nicht auf Täuschung durch manipulative Wortverwendungen ab, sondern auf Wahrheit, die sich an der vorgegebenen Wirklichkeit orientiert. Selbst die Täuschung, so versucht Sokrates eine immanente Widerlegung der Sophisten, kann nur dann gelingen, wenn man die Wirklichkeit genau kennt. Zu große Abweichungen von der Wirklichkeit fallen auf, kleinere dagegen weniger. Daher müsse, wer andere wirkungsvoll täuschen will, »die Ähnlichkeit der Dinge und ihre Unähnlichkeit untereinander genau kennen«, dies bedeutet aber, »die wahre Beschaffenheit eines jeden Dinges« zu kennen. (Phaedr. 262 a) Der Dialektiker bringt die vielen Einzelphänomene auf einen Begriff und gliedert diesen wiederum in viele Unterbegriffe. (Soph. 253 d–254 a) Dies geschehe »gliedermäßig, wie jedes gewachsen ist, ohne etwa, wie ein schlechter Koch zu verfahren und irgendeinen Teil zu zerbrechen« (Phaedr. 265 e 1–3). Die Gliederung der Phänomene und Begriffe hat nach Platon ihre Entsprechung in der Gliederung der Wirklichkeit selbst. Als Beispiele hierfür nennt er die Dihairesen des Eros und des Wahnsinns (Phaedr. 243 c ff.), der Herrscherkunst (Polit. 260 c ff.), der Lust (Phlb. 31 b ff.), des Angelfischers und Sophisten (Soph. 218 c ff., 221 c ff.) sowie der Buchstaben, Töne und Bewegungen (Phlb. 15 d – 18 d). Ob Platons Dihairesen allerdings sachangemessen sind, erscheint eher fraglich, zumal sie im Einzelnen kaum hergeleitet werden. Dagegen hatte Platons Sokrates beispielsweise im *Laches* in einem schrittweise durchgeführten Verfahren herausgearbeitet, was die Idee der Tapferkeit als eine sachangemessene gegliederte Gestalt ist.

Das dialektische Verfahren mit seinen einzelnen methodischen Schritten wird im erkenntnistheoretischen Exkurs im *Siebten Brief* (Epist. 7, 342 b – 343 b) an einem mathematischen Beispiel erläutert. Am Anfang des Erkenntnisprozesses steht die Wahrnehmung eines Phänomens, etwa eines gezeichneten Kreises. Das Wahrnehmen eines Phänomens ist zweitens immer schon mit einer Benennung (onoma, hier: »Kreis«) und einer Definition (logos, hier: »was allseitig von den Endpunkten bis zum Mittelpunkt die gleiche Entfernung hat«) verbunden, außer in den Fällen, wo man für ein Phänomen erst einen Namen und eine Definition sucht. Bei der Wahrnehmung von etwas *als* etwas erinnern wir uns, so drittens, mithilfe der hermeneutischen Methode an unser Vorverständnis. Viertens prüfen wir in problematischen Fällen unser Vorverständnis mit der analytischen Methode der Begriffs- und Argumentationsklärung und benutzen zugleich die Methode der kontroversen Argumentation. Die verschiedenen Schritte des Erkennens führen schließlich, so fünftens, zu einem wirklichen Verstehen, das »in der Seele seinen Sitz hat«. Etwas wirklich zu verstehen aber heißt, sich auf das zu beziehen, »was das zu Erkennende und das wahrhaft Seiende ist«, oder, wie es im Exkurs auch heißt, auf die »Natur des Kreises selbst«. Das »wahrhaft Seiende« oder die Ideen, erst recht die »Idee des Guten«, lassen sich allerdings nicht isoliert von den vorangegangenen Schritten »in Worte fassen«. Ihre Erkenntnis entzündet sich vielmehr »vermöge der langen Beschäftigung mit dem Gegenstande selbst (to pragma auto) wie ein durch einen abspringenden Feuerfunken plötzlich entzündetes Licht«.

Die von Platon verwendete Lichtmetapher kann leicht dazu verführen, im Sinne des Platonismus oder der »ungeschriebenen Lehre« Platons an eine intuitive Erkenntnis jenseitiger, rein geistiger Gegenstände zu denken, die man nicht aufschreiben und anderen mitteilen könne. Erinnert man sich jedoch an die Erkenntnisschritte aus dem *Laches*, wird deutlich, dass Sinnen- und Ideenwelt bei Platon als untrennbare Einheit verstanden werden und dass Erkenntnis nur als mühsamer, schrittweise erfolgender Prozess vollzogen werden kann. Die Einheit von Sinnen- und Ideenwelt wird am Kreisbeispiel offensichtlich. Auf den ersten drei Stufen des Erkennens von etwas *als* etwas – beim Wahrnehmen, Benennen und Definieren – haben wir das fragliche Etwas in seiner Idee oder Struktur immer schon mit verstanden, beispielsweise wenn wir ein sinnliches Gebilde *als* Kreis verstehen. Wir sehen den idealen oder wirklichen Kreis immer schon mit oder erinnern uns an die ideale Gestalt des Kreises, weil der sinnlich dargestellte Kreis nicht wirklich ein Kreis ist, wie er nach der Definition der Mathematik sein soll. Auch ein noch so gut gezeichneter Kreis erfüllt bei genauerer Betrachtung die Forderung der Kreisdefinition nur annähernd, insofern die sinnlich wahrnehmbar ungleichen Kreidepartikelchen nie den exakt gleichen Abstand vom Mittelpunkt haben können. Umgekehrt ist die Idee immer schon auf etwas in der Sinneswelt bezogen, was sie *als* etwas erklären soll. Platon selbst scheint allerdings an einigen Stellen eine reine Dialektik als Erfassen ewiger, von der Sinnenwelt abgetrennter Ideen im Sinne der platonistischen Rezeption nahezulegen, so vor allem im *Staat*

(Rep. VII 533 c – 535 a), im *Phaidros* (Phaedr. 265 c – 266 c) oder im *Sophistes* (Soph. 253 b – 254 b). Nach den bisherigen Darlegungen jedenfalls handelt es sich hierbei jedoch lediglich um einen Grenzbegriff des Erkennens. Eine reine Dialektik ist für Platon keine menschliche, sondern göttliche Weisheit. (Symp. 204 a – b)

Auch wenn Platon zumindest in seinen frühen Dialogen und im *Siebten Brief* keine jenseitige Ideenwelt idealer Gegenstände und keine reine Ideenschau angenommen hat, bleibt das Rätsel der platonischen Idee und ihrer Erkenntnis noch zu lösen. *Dass* Platon so etwas wie »Ideen« angenommen hat, ist unbestreitbar. Was aber ist die Idee als »dasselbe«, an dem wir uns in unserem Denken und Handeln zu orientieren haben, und wie können wir es erkennen? Hier kommt Platons berühmte Anamnesislehre erneut ins Spiel, die im *Laches* nur kurz als Erinnerung an ein umgangssprachliches Erfahrungswissen gestreift wird. Hat Platon aber vielleicht nicht doch im Unterschied zu einer frühen, sokratischen Phase später eine Lehre von der Wiedererinnerung an ewige Ideen vertreten, die abgetrennt von der Sinnenwelt existieren? Eine derartige platonistische Version scheint sich auf eine viel diskutierte Passage im *Menon* (Men. 80 d – 86 c) stützen zu können. Danach besteht Erkennen oder Lernen im Erkennen von etwas *als* etwas, etwa von gleichen Dingen *als* gleich oder von frommen Handlungen *als* fromm, indem wir uns an Ideen wie »das Gleiche« oder »das Fromme« erinnern. Diese haben wir bereits »vor« unserer Erkenntnis der Sinnendinge (apriori) in einer vorgeburtlichen Existenz »gesehen« und bei unserer Geburt zwar vergessen, sehen sie aber noch vage vor uns. An der fraglichen *Menon*-Stelle geht es um die von den Sophisten aufgeworfene Streitfrage, ob jemand etwas suchen oder lernen kann, was er nicht kennt, im vorliegenden Fall die Tugend: »Nämlich weder, was er weiß, kann er suchen, denn er weiß es ja, und es bedarf dazu keines Suchens weiter; noch was er nicht weiß, denn er weiß ja dann auch nicht, was er suchen soll.« (Men. 80 e) Mit der sophistischen Streitfrage wird die Tätigkeit des Erkennens oder Philosophierens infrage gestellt, die Platons Sokrates mit der Hebammenkunst oder Mäeutik seiner Mutter Phainarete vergleicht. Ähnlich wie sie nicht selbst etwas gebäre, bringe auch er nicht selbst Wissen hervor, sondern leiste lediglich anderen Hilfe hierzu: »Und was mir schon viele vorgeworfen haben, dass ich immer nur die anderen frage, selber aber in keinem Punkt irgendetwas zutage fördere, da ich eben kein Wissen besäße, so ist dieser Vorwurf berechtigt.« (Theaet. 150 c)

Im *Menon* demonstriert Sokrates seine Hebammenkunst, die er bereits im *Laches* oder *Euthyphron* angewendet hat, in einem Gespräch mit einem Sklavenjungen über ein mathematisches Problem, wobei der Junge nur Griechisch spreche und über kein mathematisches Wissen verfüge. Das Hebammenverfahren besteht aus vier Schritten. Der erste ist der Nachweis des bloß eingebildeten Wissens des Jungen, der zweite die Einsicht in das eigene Nichtwissen, der dritte die Suche nach dem wirklichen Wissen und der vierte das Hervorholen oder Erreichen des wirklichen Wissens. Diese Schritte demonstriert Sokrates erneut an einem geometrischen Beispiel. Gefragt ist, welche Seitenlänge ein Quadrat von ursprünglich zwei Fuß Länge und somit vier Fuß Flächeninhalt haben muss (das Quadrat ABCD; vgl. Abb. 2), damit sich seine Fläche von vier auf acht Fuß verdoppelt. Die einzelnen Antworten werden von Sokrates im Sand nachgezeichnet und erläutert. Durch das Wort »verdoppelt« in der Frage des Sokrates irregeführt, gibt der Junge als erste Antwort die Seitenlänge »vier« an. Diese würde aber, wie man anhand der Zeichnung leicht sehen kann, die Quadratfläche nicht verdoppeln (acht Fuß), sondern vervierfachen (sechzehn Fuß). Als zweite Antwort nennt der Junge »drei« Seiten, offensichtlich, weil die gesuchte Seite zwischen den zwei Seiten des Ausgangsquadrats und den vier Seiten des zu großen Quadrats liegen muss. Aber auch diese Antwort ist, wie man an der Zeichnung sehen kann, falsch, weil das Quadrat dann neun statt acht Quadratfuß Fläche hätte. Damit ist der Nachweis erbracht, dass der Sklavenjunge die Lösung nicht weiß, wie er auch selbst einsieht. Erst jetzt ist er in der Lage, nach der richtigen Antwort zu suchen, die Sokrates mit ihm zusammen, so der dritte Schritt der Mäeutik, mithilfe der Zeichnung entwickelt. Wenn man nämlich zunächst um das Ausgangsquadrat von vier Fuß Fläche herum drei weitere Quadrate derselben Fläche anfügt, erhält man ein Quadrat von insgesamt sechzehn Fuß. Halbiert man ferner jedes der vier Quadrate von vier Fuß Fläche durch die Diagonale, erhält man vier Dreiecke von jeweils zwei Fuß. Wie man an der gezeichneten Figur sieht, ergeben die vier halbierten Quadrate zusammen das gesuchte Quadrat von acht Fuß Fläche mit der Seitenlänge der Diagonalen (DEFB). Damit ist, so der vierte Schritt des Verfahrens, die gesuchte Lösung gefunden.

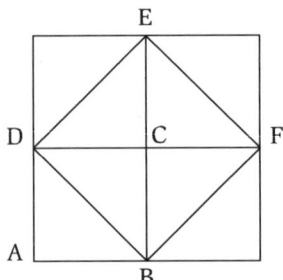

Abb. 2

Mit seiner Demonstration will Sokrates zeigen, dass man tatsächlich sinnvoll nach der Tugend fragen kann, indem man sich, wie beim geometrischen Beispiel, ohne äußere Belehrung, aber mithilfe genauen Nachfragens an sein vages Vorwissen erinnern und schrittweise zu einem Wissen gelangen kann. Die mythologische Einkleidung der Anamnesislehre durch eine vorgeburtliche Ideenschau (Men. 81 a–d) einiger »Priester und Priesterinnen« dagegen klammert Sokrates ausdrücklich ein: »Und das Übrige freilich möchte ich nicht eben ganz verfechten für diese Rede. Dass wir aber, wenn wir glauben, das suchen zu müssen, was wir nicht wissen, besser werden und tapferer und weniger träge, [...] dafür allerdings möchte ich streiten, wenn ich es könnte, mit Wort und Tat.« (Men. 86 b f.) Damit hat Sokrates aber zunächst lediglich die sophistische Streitfrage beantwortet, ohne die Ideen in ihrem ontologischen Status und in ihrer Erkenntnisweise erläutert zu haben. Wie im *Euthyphron* ist das geometrische Beispiel nur Modell für die Erkenntnis der Idee als gegliederte Gestalt von etwas sowie für das Verfahren einer schrittweise erfolgenden Erkenntnis. Wie ein gezeichneter Kreis oder ein gezeichnetes Quadrat *als* Kreis oder Quadrat angesehen werden kann, ohne selbst die ideale Gestalt des Kreises oder des Quadrats zu sein, kann auch ein Beispiel tapferen oder frommen Handelns *als* tapfer oder fromm angesehen werden, ohne selbst die ideale Tapferkeit oder Frömmigkeit zu sein. In beiden Fällen aber nehmen wir für das Erkennen von etwas *als* etwas Ideen zu Hilfe. Was Ideen sind und wie man sie erkennen kann, wird im *Menon* nicht beantwortet, wurde aber an den Beispielen des *Laches* und *Euthyphron* zumindest angedeutet.

Eine klare Antwort scheint Platon im *Phaidon* zu geben. Der Dialog wird ähnlich wie der *Menon* in der Regel als platonistische Antwort auf die Frage nach den Ideen gelesen, aber ebenfalls zu Unrecht, wie sich zeigen wird. In dem Dialog führt Sokrates kurz vor seinem Tod mit seinen Freunden Gespräche über die Unsterblichkeit der Seele und fragt in diesem Zusammenhang nach dem Werden und Vergehen allgemein. Er habe, so behauptet er in seiner bekannten ironischen Art, gehofft, durch das Studium der damaligen Naturphilosophen »die Ursache (aitia) von allem zu wissen, wodurch oder warum (dia ti) jegliches entsteht, wodurch es vergeht und wodurch es ist (esti)« (Phaed. 96 a). In einem fiktiven Bildungsbericht erzählt der platonische Sokrates, wie er sich in seiner Jugend voller Hoffnung mit den Lehren der Naturphilosophen beschäftigt habe, aber von ihnen, besonders von Anaxagoras, bei seiner Ursachensuche enttäuscht worden sei.

(Phaed. 95 e – 106 d) Zwar differenziert Sokrates nicht selbst zwischen verschiedenen Ursachenarten, sie lassen sich aber der Sache nach mithilfe des Aristoteles als Stoff-, Form-, Zweck- und Wirkursache unterscheiden. (Metaph. I 1–3, V 3; Phys. II 3) Die vier Ursachen geben eine Antwort auf die Frage, »warum (dia ti)« etwas ist, was es ist. Eine Opferschale beispielsweise ist deshalb eine Opferschale, weil sie aus einem bestimmten, geeigneten Stoff hergestellt ist, etwa aus Kupfer, weil sie eine bestimmte Form oder ein bestimmtes Aussehen hat, weil sie den Zweck des Opferns erfüllt und weil sie von jemandem bewirkt oder hergestellt wurde. Die vier Ursachen kommen in Sokrates' Bericht über seine enttäuschende Beschäftigung mit den Naturphilosophen nacheinander in seinen Beispielen indirekt vor und führen schließlich zur Einführung der Ideen als Antwort auf die Ursachensuche.

Die ersten Beispiele stammen aus dem Bereich der Natur. (Vgl. Frede 1999, 131 f.) Hier kritisiert der platonische Sokrates etwa, dass als Ursachen für die Entstehung des Denkens Blut, Luft oder Feuer angegeben werden und ihn die beliebige Vielfalt der Erklärungen verwirrt habe. Dass außerdem materielle Ursachen keine geistigen Vorgänge wie das Denken erklären können, kann an dieser Stelle von ihm noch nicht kritisiert werden, weil dafür erst die Unterscheidung zwischen Materiellem und Geistigem getroffen werden müsste.

Diese Unterscheidung nimmt Platons Sokrates mit dem zweiten Bereich, den mathematischen oder logischen Relationen, vor. Als Beispiel führt er das Größer- und Kleinerwerden von zwei an. Einmal werde oder entstehe zwei durch Vereinigung von eins und eins, dann wiederum durch Spalten von eins. Somit entstehe dasselbe, nämlich zwei, durch entgegengesetzte Ursachen, nämlich sowohl durch Vereinigung als auch durch Spaltung. Die offensichtlich ironische Verwunderung des Sokrates kommt dadurch zustande, dass er »zwei« und »eins« wie materielle Gegenstände oder Anzahlen behandelt, die Ursache ihres Werdens aber als Stoffursache im Sinne der von ihm kritisierten Naturphilosophen. Macht man sich aber klar, dass eins und zwei keine Anzahlen, sondern Zahlen und Begriffe darstellen, sind nicht materielle Ursachen auf sie anwendbar, sondern geistige oder begriffliche. Auch hier ist an die sonstigen geometrischen Beispiele des platonischen Sokrates zu erinnern.

Vor allem aber für den dritten Bereich, die menschliche Handlungspraxis, reichen materielle Ursachen nicht als Erklärung dafür aus, warum etwas so und nicht anders gut ist. Daher kritisiert Sokrates vor allem die zunächst vielversprechende Ursache der Vernunft (nous) des Anaxagoras, die angeblich »alles anordnet« und »jegliches stellt, so wie es sich am besten befindet« (Phaed. 97 b). Sie kann als materiell verstandene Vernunftursache in Form eines feinen Stoffs das Versprechen nicht einlösen, das Gutsein von etwas zu erklären. So führe Anaxagoras für die Anordnung der Erde, der Sonne, des Mondes und der übrigen Gestirne lediglich »allerlei Luft, Äther und Wasser« an. (Phaed. 98 c)

Auch am Beispiel »Sokrates tut alles, was er tut, mit Vernunft« (Phaed. 98 c) zeigt sich die begrenzte Erklärungskraft der materiell verstandenen Vernunftursache. »Knochen und Sehnen« reichen nach Platon als materielle Ursachen nicht aus, um zu erklären, warum Sokrates im Gefängnis sitzt und nicht flieht. Ähnlich reichen auch »Töne, Luft, Gehör und tausenderlei dergleichen« nicht als Ursache für das gerade stattfindende »Gespräch« (dialegesthai) aus. Die »wahre« Ursache für seinen Verbleib im Gefängnis sei vielmehr, so Sokrates, dass es ihm, »weil es den Athenern besser gefallen hat, mich zu verurteilen«, »besser erschien, hier sitzen zu bleiben, und gerechter, die Strafe geduldig auszustehen, welche sie angeordnet haben« (Phaed. 98 e). Seine Handlung wird »durch die Vorstellung des Besseren in Bewegung« gesetzt, dies könne aber nicht ohne den Einsatz seiner »Knochen und Sehnen« geschehen. Daher unterscheidet Sokrates zwischen der »Ursache« und »jenem, ohne welche die Ursache nicht Ursache« sein könne (Phaed. 99 b), oder in der Terminologie der modernen Handlungstheorie: zwischen

»Grund« und »Ursache«. Der Grund seiner Handlung lässt sich mit Aristoteles auch als Zweckursache verstehen, die von den athenischen Richtern und Sokrates als Wirkursache umgesetzt wurde. Wenngleich Platon das Wirkungsverhältnis von materiellen Ursachen und geistigen Gründen nicht näher ausführt, spricht er doch als Erster Probleme an, die besonders in der gegenwärtigen »Philosophie des Geistes« kontrovers diskutiert werden: Gibt es für unser Handeln lediglich mechanische Ursachen oder auch intentionale Gründe?

Nach seiner Kritik an der Ursachenforschung der Naturphilosophen bringt Platons Sokrates schließlich als eigene Erklärung für das Werden und Vergehen von allem die Ideenhypothese vor. (Phaed. 99 c – 103 a) Er habe nach seiner Enttäuschung über die Naturphilosophen eine radikale Wende vom nur materiellen zum auch ideellen Ursachendenken vollzogen: »mir schien, ich müsse zu den Gedanken (logoi) meine Zuflucht nehmen und in diesen die Wahrheit der Dinge anschauen«. Diese Wende von der materiellen zur ideellen Ursachensuche bezeichnet Sokrates zunächst als »zweitbeste Fahrt«, korrigiert sich aber selbst sofort. Er möchte »nicht zugeben, dass, wer das Seiende in Gedanken betrachtet, es mehr in Bildern betrachtet, als wer in den Dingen«. Vielmehr sind, wie es Platon sonst ausdrückt, umgekehrt die materiellen Dinge bloße Abbilder der ideellen Ursachen oder Ideen. Mit dem Erkennen durch »Gedanken« ist aber nicht, wie man die Stelle häufig missversteht, eine unmittelbare Ideenerkenntnis gemeint, sondern das bereits aus dem *Kriton* (Crit. 46 b) bekannte Verfahren des Sokrates, »indem ich nämlich jedes Mal den Gedanken zugrunde lege (hypothemenos), den ich für den stärksten halte« (Phaed. 100 a). Die stärkste Hypothese als Lösung der fraglichen Ursachenforschung aber ist nach Sokrates die Annahme (auch) ideeller statt (nur) materieller Ursachen, wie indirekt aus den vorangegangenen Beispielen hervorgeht. Die Annahme ideeller Ursachen jedoch sei »gar nichts Neues, sondern was ich schon immer und so auch in der eben durchgeführten Rede gar nicht aufgehört habe zu sagen« (Phaed. 100 b).

In der Tat hat der platonische Sokrates etwa in den beiden exemplarisch untersuchten Frühdialogen *Laches* und *Euthyphron* wie selbstverständlich in einem umgangssprachlichen Sinn von Ideen der Tapferkeit und Frömmigkeit gesprochen. Daran erinnert Sokrates offensichtlich auch im *Phaidon*, wenn er behauptet: »ich komme wiederum auf jenes Abgedroschene zurück und fange davon an, dass ich voraussetze (hypothemenos), es gebe ein Schönes an und für sich und ein Gutes und Großes und so alles andere.« (Phaed. 100 b 5–7) Damit wird im *Phaidon* allerdings nicht etwa das umgangssprachliche Vorverständnis von »Ideen«, wie es in den Frühdialogen zum Vorschein kommt, revidiert und durch eine metaphysische Ideenlehre ersetzt, nach der Ideen im Sinne einer Chorismos- oder Trennungsthese abgetrennt von der Sinnenwelt als eigene geistige Gegenstände existieren. Platons Sokrates *unterscheidet* zwar die Ideen als ideelle Ursache von der materiellen Ursache des Werdens und Vergehens, *trennt* sie aber nicht als Ideenwelt von der Sinnenwelt ab. Auch macht er keine näheren Angaben darüber, wie Ideen und Dinge zusammenhängen. Vielmehr belässt es Platons Sokrates bei der Andeutung, die vielen schönen Dinge beispielsweise seien »durch« das Schöne schön, egal ob man es »Anwesenheit« (parousia), »Gemeinschaft« (koinonia) oder »Teilhabe« (metechein) nenne. (Phaed. 100 d, 101 c) Außerdem hält er seine Ideenhypothese zwar für die »allersicherste Antwort« auf die Ursachenfrage, gibt aber selbst zu, dass er sie »ganz einfach und kunstlos und vielleicht einfältig« annehme. (Phaed. 100 c) Offensichtlich wurde die Ideenhypothese bereits in Platons Akademie von einigen seiner Schüler als Platons Lösung, und nicht als erst zu lösendes Problem, verstanden, wie aus der Kritik an der Zwei-Welten-Lehre durch Aristoteles hervorgeht. (Metaph. I 6, XIII 4, XIII 9) Möglicherweise hat es bereits in der Akademie die beiden Lager einer platonistischen und platonischen Ideenlehre gegeben und möglicherweise kommt gerade Aristoteles mit seiner Kritik an den angeblich verdinglichten Ideen Platons ursprünglicher Intention nahe.

Dieser Eindruck bestätigt sich durch Platons Spätdialog *Parmenides*, in dem die platonistisch verstandene Ideenlehre von Platon selbst einer scharfen Kritik unterzogen wird, fast als ob sie von Aristoteles stammte. Bei dem wahrscheinlich fiktiven Treffen zwischen dem noch jungen Sokrates und dem alten Parmenides steht zum einen zur Diskussion, wovon es Ideen gibt, zum anderen, wie sie ontologisch zu verstehen sind. (Parm. 130 b–d) Bei der ersten Frage werden die drei bereits aus dem *Phaidon* bekannten Bereiche unterschieden: der mathematische (gleich, eins, vieles), der handlungspraktische oder ethische (gerecht, schön, gut) und der natürliche Bereich (Mensch, Feuer oder Wasser). Wenn in diesem Zusammenhang außerdem gefragt wird, ob es Ideen von »wertlosen und gewöhnlichen« Dingen wie Haaren, Lehm oder Schmutz gebe, wird kein eigener vierter Bereich angesprochen, da die Beispiele zum bereits erwähnten Bereich der natürlichen Dinge gehören. Gefragt wird vielmehr, ob die Ideen selbst »wertlos und gewöhnlich« sind, wie die zuletzt genannten Beispiele von natürlichen Dingen. Das weitere Gespräch geht dann ausführlich auf die ontologische Frage ein. Genauer stehen die Schwierigkeiten zur Diskussion, die mit einer Trennung (chorismos) der Ideen von den Sinnendingen verbunden sind. Allerdings wird außer im *Parmenides* und in einer kurzen Bemerkung über die »Ideenfreunde« im *Sophistes* (Soph. 248 a) an keiner Stelle in Platons Schriften eine Trennungsthese der Ideen vertreten, auch nicht im vielfach hierfür zitierten Dialog *Phaidon*, in dem lediglich im Sinne der Pythagoreer von einer Trennung von Leib und Seele die Rede ist. Offensichtlich wird mit der Trennungsthese eine spezielle Variante der Ideenlehre diskutiert, die auch Aristoteles angreift. Aus der Trennungsthese ergibt sich ferner die Gegenstandsthese, nach der die getrennt für sich existierenden Ideen geistige Gegenstände sind und ähnliche Eigenschaften haben wie die sinnlich wahrnehmbaren Gegenstände. Dies wurde beispielsweise mit der Frage angedeutet, ob die Idee von wertlosen Gegenständen selbst wertlos ist.

Im *Parmenides* werden verschiedene Schwierigkeiten durchgesprochen, die alle die Trennungs- und Gegenstandsthese bezüglich der Ideenannahme betreffen, nicht aber die Ideenannahme selbst. Bei der ersten Schwierigkeit geht es um die Frage, ob die Ideen als Ganzes oder als Teil in den Gegenständen sind oder ob die Gegenstände jeweils an der ganzen Idee oder an Teilen von ihr teilhaben. Wenn die abgetrennte Idee jeweils als ganzer geistiger Gegenstand oder als Ding in den vielen Dingen wäre, müsste die eine Idee zugleich viele Ideen sein. Wäre sie hingegen jeweils nur als Teil in den vielen Dingen, wären diese nur teilweise das, was sie sein sollen, weil sie nur an einem Teil der Idee teilhaben. Beides wäre unhaltbar. Der anschließende Vergleich mit dem Tag, der als ganzer zugleich an vielen Stellen anwesend ist, vermeidet zwar die Schwierigkeit, wird aber nicht weiter verfolgt. Dies ist konsequent, weil der Tag kein Ding ist, wie es die als Ding verstandenen Ideen sind. Auch der anschließende Vergleich mit dem Segeltuch, das an vielen Stellen zugleich als dasselbe anwesend sei, ist keine Lösung, weil jeweils nur ein Stück desselben Segeltuchs anwesend ist. In einem weiteren Vorschlag greift Parmenides auf das wörtliche Verständnis von Idee als »Gestalt« zurück: »Ich glaube, du nimmst aus folgendem Grund an, dass jede Idee eine ist. Sooft dir viele Dinge groß zu sein scheinen, scheint es für dich vielleicht eine und dieselbe Hinsicht (idea) zu geben, wenn du auf alle hinsiehst (idonti). Daher nimmst du an, das Große sei eins.« (Parm. 132 a) Auch dieser Vorschlag bringt keine Lösung. Wenn wir nämlich auf die Idee (des Großen) auf derselben Ebene wie auf die (großen) Dinge »sehen«, brauchen wir eine dritte Hinsicht oder Idee, um beides als dasselbe (groß) anzusehen oder zu identifizieren. (Vgl. Rep. X 597 c) Um aber die vielen Sinnendinge und die Idee, verstanden als geistiges

Ding, als dasselbe (groß) zu identifizieren, brauchen wir erneut die Hinsicht auf eine gemeinsame Idee. Dieser Vorgang lässt sich nach demselben Muster endlos fortsetzen, wie Aristoteles (Metaph. 1,9 990 b 17) mit dem »Argument vom dritten Menschen« (Vlastos 1954) kritisch einwendet.

Auch der Vorschlag, die Idee als Gedanken zu verstehen, der sich »in den Seelen« befinde (Parm. 132 b), stellt keine Lösung dar. Zwar wäre die Idee als Gedanke jeweils eine und würde die Teil-Ganzes-Schwierigkeit vermeiden, als Gedanke von etwas aber ist die Idee der Gedanke von den Ideen, deren Verständnis als geistige Dinge gerade Schwierigkeiten bereitet. Wenn außerdem die Dinge an den Ideen, verstanden als Gedanken, teilhaben, müssten sie, so wendet Parmenides ein, auch an deren Eigenschaften teilhaben. Da den Gedanken die Eigenschaft zukommt, zu denken, müssten folglich auch die Dinge selbst Gedanken haben oder denken. Dann käme heraus, dass »alles denkt«, es sei denn, die Ideen als Gedanken denken nicht. Beides aber wäre absurd. Daher wird im *Parmenides* die Vorstellung der Ideen als Gedanken nicht weiter verfolgt. Als Gedanken Gottes aber, der durch sein Denken als »Wesensbildner« die Ideen »gemacht« hat (Rep. X, 597 a–c), gewinnt die im *Parmenides* als absurd verworfene These in der Tradition des christlichen Platonismus bis hin zu den »eingeborenen Ideen« (ideae innatae) bei Descartes durchaus an Bedeutung. Im *Parmenides* wird allerdings die These von den Ideen als Gedanken als absurd fallen gelassen, da sie in der speziellen Diskussion der Trennungs- und Gegenstandsthese nicht weiterhilft. Als weiteren Ausweg schlägt der junge Sokrates vor, die Ideen statt innen in der Seele außen als »Vorbilder in der Natur« (Parm. 132 d) anzusiedeln. Die so verstandene Ähnlichkeitsbeziehung der Dinge zu den Ideen führt jedoch wieder zum unendlichen Regress des »dritten Menschen«, insofern das »Auftreten einer neuer Idee niemals aufhören« (Parm. 133 a) wird.

Als »größte« Schwierigkeit oder »Aporie« bringt Parmenides anschließend die strikt verstandene Trennung der menschlichen von der göttlichen Welt vor. (Parm. 133 a – 135 e) In der göttlichen Ideenwelt und der menschlichen Sinnenwelt gelten nach der Trennungsthese jeweils eigene, voneinander getrennte Beziehungen, beispielsweise von Herrschaft und Knechtschaft oder von Erkenntnis und Erkanntem. Der göttliche Herr herrscht nur über Göttliches, der menschliche nur über Menschliches, ebenso erkennen die Götter nur Göttliches und die Menschen nur Menschliches. Beide Welten haben nichts miteinander zu tun. Mit der Aporie von der getrennten Götter- und Menschenwelt setzt sich Platon erneut mit der Mythologie Homers auseinander. Zwar ist die damit verbundene Entmachtung der Götter aus Sicht der auch im *Euthyphron* vorgebrachten Homer-Kritik für Platon kein Problem, da er die traditionelle Götterwelt insgesamt ablehnt. Schwerer wiegt für ihn das Problem der Unerkennbarkeit abgetrennter Ideen für die Menschen, wie Platon im Dialog *Philebos* näher ausführt. Wenn wir nämlich als Menschen tatsächlich nur eine Kenntnis abgetrennter Ideen wie der »göttlichen Kugel« hätten, aber nicht die menschliche Erkenntnis der »menschlichen Kugel« und aller anderen »Richtmaße und Kreise«, könnten wir keine Baukunst ausüben. (Phlb. 62 a–b) In der menschlichen Welt haben wir es mit unvollkommenen Gegenständen und Situationen zu tun, für die wir ein menschliches, kein göttliches Wissen brauchen. Ein abgetrenntes göttliches Wissen wäre nicht nur für den Bereich der Herstellung, sondern auch für den Bereich des praktischen Handelns nutzlos, »wenn einer von uns auch nur jeweils den Weg nach Hause finden will« (Theaet. 173 c ff.). Mit der »größten« Aporie gibt Platon somit einen deutlichen Wink, dass wir die Ideen und Dinge vor allem aus praktischen Zwecken nicht auseinanderreißen dürfen, da die Ideen sonst ihren Zweck oder Nutzen für das menschliche Wissen und Handeln in der Sinnenwelt nicht erfüllen können.

Zum Schluss der Ideendiskussion unterstreicht Parmenides ausdrücklich, dass wir auf Ideen nicht verzichten können und die Aporien auf jeden Fall gelöst werden müssen. Ohne Ideen nämlich – nach der vorangegangenen Kritik jetzt auffallend ohne den Zusatz »getrennt« – wüssten wir nicht, »worauf wir unser Denken richten« können. Damit wäre die »Möglichkeit des Dialogs« (dynamis tou dialegesthai) und der Philosophie insgesamt völlig vernichtet. (Parm. 135 b f.) Ein Dialog aber hat im *Parmenides* bereits die ganze Zeit über faktisch stattgefunden, nur konnte nicht geklärt werden, worin seine »Möglichkeit« besteht. Offensichtlich, so behauptet Parmenides, fehlt es dem jungen Sokrates noch an Übung, um die Frage beantworten zu können, was Ideen sind. (Parm. 135 c, 136 c) Daraus kann man als weiteren Wink Platons entnehmen, dass eine Antwort nicht auf der Ebene theoretischen Wissens als Reden *über* Ideen, sondern auf der Ebene eines praktischen Wissens im Umgang *mit* Ideen gesucht werden solle.

Im zweiten, längeren Teil des Dialogs (Parm. 133 d – 166 c) führt Parmenides auf Bitten seiner Gesprächspartner selbst eine praktische Übung vor. Der Übungsgegenstand ist nicht, wie in den sokratischen Frühdialogen, eine bestimmte einzelne Idee im Verhältnis zu den Sinnendingen, vielmehr geht es um die Idee selbst im Verhältnis zu anderen Ideen. In seiner Ideenübung setzt Parmenides beim »Einen« und »Vielen« an, den Themen seiner eigenen Philosophie und seines Antipoden Heraklit. Beides, so wird in der Übung deutlich, gehört untrennbar zusammen. Philosophiehistorisch kann man Platons Ideenlehre daher als Versuch verstehen, das Denken des Vielen von Heraklit und das Denken des Einen von Parmenides miteinander zu verbinden.

Der Übungsteil ist äußerst verwickelt und hat seit der Antike zu Spekulationen über Platons Philosophie als Ableitung des Weltganzen aus ersten Prinzipien Anlass gegeben. Nimmt man aber die Ankündigung des Parmenides ernst, führt sie in einem »anstrengenden Spiel« (Parm. 137 b) in mehreren Anläufen vor, dass wir vom Einen oder der einen Idee immer schon in unserer Redepraxis Gebrauch machen, aber nicht getrennt von den vielen Dingen und auch nicht getrennt von den vielen Bestimmungen der jeweils einen Idee. Nimmt man etwa das Eine rein für sich unter Ausschluss jeder Vielheit an (es gibt nur das Eine), folgt daraus, dass ihm weder Teil noch Ganzes, die bei der vorangegangenen Teilhabe-Diskussion leitenden Bestimmungen, zukommen können. Die Wahl der anschließenden Bestimmungen (Anfang und Ende, Gestalt, örtliche Präsenz, Verharren und Wechsel, Ähnlichkeit und Verschiedenheit etc.), die dem Einen ebenfalls nicht zukommen können, folgt keinem zwingenden Gesichtspunkt, sie orientiert sich offensichtlich weitgehend an den Kennzeichnungen des Seienden im parmenideischen »Lehrgedicht«. (Diels/Kranz 1966, I 28, Fragm. 8) Trotz der Aporien wird deutlich, dass wir das Eine nur in einem Begriffsnetz *als* Eines erfassen können, vergleichbar mit der »Verflechtung« der fünf »obersten Gattungen« Sein, Ruhe, Bewegung, das Selbe und das Verschiedene im *Sophistes*. (Soph. 254 b ff.) Daher dürfen wir, entgegen der Trennungsthese des ersten Dialogteils, das Eine vom Vielen nicht trennen, und zwar in einem doppelten Sinne nicht. Die Trennung ist erstens erkenntnistheoretisch und ontologisch im Verhältnis der Dinge zu den Ideen nicht haltbar, da wir immer schon die vielen Sinnendinge *als* etwas erkennen und uns auf die Ideen als Wirklichkeit beziehen. Zweitens ist die Trennungsthese auch prädikationstheoretisch nicht haltbar, da wir im Dialog notwendigerweise jeweils die eine Idee oder den einen Begriff im Zusammenhang mit vielen anderen Bestimmungen innerhalb eines Begriffsnetzes gebrauchen. Damit ist allerdings lediglich die Funktion der Idee als Allgemeinbegriff in der Dialogpraxis geklärt, nicht aber die Funktion der Idee im Bereich der menschlichen Praxis, auf den es Platon primär ankommt. Vor allem aber sind die ontologische Frage nach dem Sein der Ideen und die epistemologische Frage nach ihrer Erkennbarkeit immer noch nicht beantwortet.

Eine ausdrückliche, unmissverständliche Antwort auf beide noch offenen Fragen gibt Platon schließlich im X. Buch des *Staates*, allerdings, wie auch sonst in keinem anderen Dialog, nicht in Form einer eigenen theoretischen Abhandlung über Ideen. Vielmehr gibt Platon seine Antwort wie nebenbei im Zusammenhang mit seiner viel diskutierten Dichterkritik als Beispiel ihrer praktischen Anwendung. (Rep. X 595 a – 602 b) Damit wird erneut deutlich, dass die Ideen für Platon kein reines erkenntnistheoretisches oder ontolgisches Problem darstellen, sondern aus praktischen Gründen eingeführt werden. Nachdem er in den vorangegangenen Büchern des *Staates* seinen Staatsentwurf ausführlich entwickelt hat, verlangt Platon im letzten Buch, dass die Dichter, mit Homer an ihrer Spitze, »auf keine Weise« in den Idealstaat aufgenommen werden dürfen, insofern sie jedenfalls eine bloß »nachahmende« Kunst ausüben (mimetike techne), wie er sein Verbot gleich einschränkt. (Rep. X 595 a) Zunächst unterscheidet Platons Sokrates in der gewohnten Weise Ideen und Sinnendinge voneinander und benutzt die bekannten Termini von der »einen«, »wirklichen« oder »seienden« Idee einerseits und den »vielen«, »nicht wahrhaften« oder »nur so beschaffenen« Sinnendingen andererseits. (Rep. X 596 a) Die für diese Unterscheidung gewählten Beispiele, das Bettgestell, der Tisch und später vor allem das Zaumzeug, sind nicht zufällig gewählt, sondern spielen eine zentrale Rolle für Platons Verständnis der Ideen, das er im Folgenden entwickelt. Die Beispiele gehören sämtlich zu dem vierten, im *Phaidon* und *Parmenides* ausgesparten Ideenbereich der Herstellung von etwas. Die handwerkliche Herstellung (techne) ist bei Platon ganz entscheidend für seine Vorstellung vom wirklichen im Unterschied zum scheinbaren Wissen. So hatte Sokrates bereits in der *Apologie* bei seiner Kritik am eingebildeten Wissen der Politiker und Dichter das Wissen der handwerklichen Herstellung gelobt. Wenngleich sich die Handwerker nicht in den »wichtigsten Dingen« auskennen, in der Frage nach dem guten Leben, verfügen sie im Unterschied zu den Politikern und Dichtern wenigstens auf ihrem Gebiet über ein zuverlässiges Wissen. (Apol. 22 c – d) Auch sonst nennt der platonische Sokrates ständig Beispiele des handwerklichen Wissens, um seinen sophistischen Gesprächspartnern das eigene Scheinwissen vor Augen zu halten. Daher fährt ihn etwa der Sophist Kallikles im *Gorgias* gereizt an: »Bei den Göttern, du hörst auch gar nicht auf, immer von Schustern und Gerbern und Köchen und Ärzten zu reden, als wenn davon die Rede wäre unter uns.« (Gorg. 491 a) Auch Sokrates selbst soll, wie sein Vater, als Handwerker gearbeitet und den Beruf eines Steinmetzen ausgeübt haben.

Das Vorbild des handwerklichen Wissens für das menschliche Wissen besteht nach Platon allerdings nicht darin, wie häufig nach dem »Techne-Modell« angenommen wird (Suhr 1992, 110 f.), dass die Handwerker auf Ideen wie auf ideale Gegenstände als Vorbilder ihres Herstellens hinblicken. Um den Vorbildcharakter des handwerklichen Wissens zu erklären, unterscheidet Platon drei Arten von Herstellung. Der »Wesensbildner« oder »Gott«, so erstens, hat die eine Idee der Gegenstände hergestellt, der »Werkbildner« oder Handwerker, so zweitens, stellt die vielen Gegenstände als Abbildungen der einen Idee her, der »Nachbildner« schließlich, für Platon etwa der Dichter, der Maler oder der sophistische Redner, fertigt von den Abbildungen der Handwerker weitere Abbildungen an. Die Nachbildner stehen somit an dritter Stelle entfernt von der Wirklichkeit, da sie lediglich Abbildungen von Abbildungen herstellen, nicht aber Abbildungen der wirklichen Gegenstände wie in vorbildlicher Weise die Handwerker. Worin das handwerkliche Wissen besteht, erklärt Platon anschließend (Rep. X 601 b – 602 b) am Beispiel des Zaumzeugs. Die Idee des Zaumzeugs hat, ebenso wie die Idee des Bettgestells, Gott hergestellt und nur er hat von ihr ein vollkommenes Wissen einer Ideenschau. Die menschlichen Hersteller des Zaumzeugs, der »Kupferschmied und der Riemer«, verfügen zwar nicht über einen göttlichen Ideenblick, greifen aber im Gegensatz zu den Nachbildnern, den Dichtern und Malern, auf das Gebrauchswissen des Reiters zurück. Diesem kommt im Bereich des menschlichen Erkennens das wirkliche Wissen zu. Was ein gutes oder, für Platon gleichbedeutend, ein brauchbares Zaumzeug ist, weiß »nur jener allein, der dieses zu gebrauchen weiß (epistatai chrestai monos), der Reiter« (Rep. X 601 c).

Das Zaumzeug-Beispiel verallgemeinert Platon schließlich als Ideenlehre vom wirklichen Wissen: »Wollen wir nun nicht sagen, dass es sich mit allem so verhalte? – Wie? – Dass es für jedes diese drei Künste gibt, die gebrauchende, die verfertigende, die nachbildende? – Ja. – Nun aber bezieht sich die Vorzüglichkeit (arete), Schönheit und Richtigkeit eines jeden Gerätes, jedes lebenden Wesens und jeder Handlung auf nichts anderes als auf den Gebrauch, wozu eben jedes angefertigt oder von Natur aus hervorgebracht ist? – Richtig. – Notwendigerweise also ist auch der jeweils Gebrauchende der Erfahrenste (chromenon … empeirotaton) und muss dem Hersteller berichten, wie sich etwas gut oder schlecht zeigt im Gebrauch, wenn es jemand gebraucht. So muss der Flötenspieler dem Flötenmacher über die Flöten Bescheid sagen, welche ihm gute Dienste tun beim Blasen, und ihm angeben, wie er sie machen soll. Dieser aber muss Folge leisten. – Natürlich. – Der eine also gibt als Wissender an, was gute und schlechte Flöten sind, der andere aber verfertigt sie als Glaubender.« (Rep. X 601 c–d; vgl. Crat. 390 b–d) Nachdem er das Ideenwissen ausdrücklich als Gebrauchswissen erläutert hat, stellt Platon zusätzlich klar, dass sich die unterschiedlichen Erkenntnisweisen nicht auf unterschiedliche Arten des Seienden beziehen, wie die Zwei-Welten-Lehre unterstellt, sondern auf dieselbe Wirklichkeit, nur auf eine unterschiedliche Art und Weise des Erkennens: »Von demselben Gerät also hat der Hersteller eine richtige Meinung, wie es schön sei oder schlecht, weil er mit dem Wissenden umgeht und genötigt wird, auf diesen Wissenden zu hören; das Wissen aber hat der Gebrauchende (chromenos epistemen)? – Freilich.« (Rep. X 601 e–f) Der Nachbildner aber hat keines von beidem, sondern lediglich ein Scheinwissen.

Wahres Wissen, so kann man sowohl Platons implizite Ideenlehre der Frühdialoge als auch seine explizite Ideenlehre im

X. Buch des *Staates* zusammenfassen, muss drei Forderungen erfüllen:

- Logische Stimmigkeit eines Satzes (Kohärenztheorie der Wahrheit)
- Übereinstimmung des Satzgefüges mit der Wirklichkeit (Korrespondenztheorie)
- Bewährung des theoretischen Wissens durch das Gebrauchswissen (pragmatische Theorie)

Platon hält durchaus an der Realität allgemeiner Ideen fest, versteht diese aber nicht essenzialistisch als abgetrennte Wesenheit, sondern als Struktur der Sinnenwelt, die unser Handeln ermöglicht. Darüber hinaus besteht ihre Erkenntnis nicht in einer intuitiven Ideenschau, sondern in einem Gebrauchswissen, das sich in einem Satzwissen als Ergebnis einer methodischen Erinnerungsarbeit ausdrücken lässt und in der Praxis zu bewähren hat. Mit Platons epistemologischer und ontologischer Verallgemeinerung des Zaumzeug-Beispiels lässt sich die platonistische Zwei-Welten-Lehre nicht mehr halten, sondern muss der platonischen, und das heißt pragmatischen Ideenlehre vom wirklichen Nutzen Platz machen. Die Suche nach dem wirklichen Nutzen durchzieht Platons Schriften von Anfang an und ist überdies durch den Primat seiner praktischen Fragestellung nach dem guten Leben bedingt. Aber erst im X. Buch des *Staates* formuliert Platon seine pragmatische Ideenlehre ausdrücklich. Vermutlich hat er erst im *Staat*, dem Hauptwerk seiner mittleren Phase, seine Lösung des Ideenproblems deutlich begründen und formulieren können.

Der Wirklichkeitsbezug von Aussagen, die Korrespondenztheorie, ist bei Platon in einem doppelten Sinne zu verstehen. Zum einen muss das, was wir mit einem Wahrheitsanspruch behaupten, mit der Wirklichkeit der Idee als Struktur der empirischen Wirklichkeit übereinstimmen. In diesem und nur in diesem Sinne kann man Platon in der Tat zunächst im Sinne einer Zwei-Welten-Lehre verstehen: Der empirische Kreis ist nicht der wirkliche Kreis. Zum anderen ist die ideelle

Struktur untrennbar mit der Struktur der empirischen Welt verbunden. Im Gegensatz zur behaupteten Zwei-Welten-Lehre Platons bezieht sich das Wissen des Mathematikers nicht auf einen anderen als den empirischen Kreis, sondern auf denselben Kreis, aber in einer anderen, richtig verstandenen Weise als bei denjenigen, die einen Kreis bloß zeichnen können. Ebenso bezieht sich der Reiter mit seinem Wissen nicht auf ein ideelles, sondern auf ein empirisches Zaumzeug, allerdings im Unterschied zu den Herstellern in Form eines wirklichen Wissens, des Gebrauchswissens.

Diesen Zusammenhang erläutert Carl Friedrich von Weizsäcker, der im Anschluss an eine mündliche Bemerkung von Georg Picht die Ideenlehre pragmatisch deutet, an Platons Zaumzeug-Beispiel: »Der Reiter weiß im Lebensvollzug diejenige Struktur der Welt, die gestattet, daß Pferd und Mensch in der Beziehung zueinander sind, die wir Reiten nennen, und er weiß, wie diese Beziehung ermöglicht wird durch das Gerät des Zaumzeugs; kurz er weiß die Funktion des Zaumzeugs. Daß es eine solche Funktion geben kann, beruht auf Körperbau und seelischer Anlage der in ihre Umwelt passenden Lebewesen Pferd und Mensch. Dieses Strukturgefüge hat – so drückt sich der hier vorweg zitierte Mythos des *Timaios* aus – der Schöpfergott gemacht. Er hat damit die Möglichkeit der Funktion des Zaumzeugs gemacht, und eben diese Möglichkeit ist es, die Platon terminologisch als die Idee des Zaumzeugs bezeichnet.« (Weizsäcker 1981, 17)

Der Reiter kennt durch seinen Umgang mit Pferden nicht nur die allgemeine Struktur des Zaumzeugs, er kann auch beurteilen, in welcher konkreten Situation welches Zaumzeug für ein bestimmtes Pferd für ihn als Reiter geeignet ist. Genauso ist auch, wie etwa der *Kriton* gezeigt hat, bei Platon das allgemeine Prinzipienwissen im Bereich menschlichen Handelns untrennbar mit der Einzelfallanalyse und Urteilskraft verbunden. Sonst hätte beides für uns als Menschen keinen Nutzen, weder als handwerkliches noch als handlungspraktisches Wissen. Wir brauchen, so hat etwa auch die Philebos-

Stelle gezeigt, kein »göttliches« Wissen reiner Ideen, sondern ein menschliches Wissen, um im Umgang mit unserer konkreten Welt davon einen Nutzen haben zu können. Versteht man Platons Ideenwelt in dieser Weise nicht getrennt von, sondern verbunden mit der Sinnenwelt, ist das aristotelische Allgemeine »in den Dingen« (Metaph. I 9) davon nicht weit entfernt. Außer der Nähe im ontologischen Status des Allgemeinen teilt Aristoteles auch, wie noch zu zeigen sein wird, epistemologisch mit Platon den Primat des Gebrauchswissens und der methodischen Erkenntnis.

Mit dem Primat vom nützlichen Gebrauchswissen begründet Platon die zuvor bloß behauptete Nutzlosigkeit Homers, der für ihn der führende Vertreter der Darstellungskunst ist. (Rep. X 598 d – 601 b) Durch Homer, so Platon, sind die Menschen weder im öffentlichen noch im persönlichen Leben besser geworden. Keine Stadt habe durch ihn eine bessere Verfassung erhalten, wie Lakedaimon durch Lykurgos, und keine Stadt nenne ihn, wie Solon, »einen tüchtigen Gesetzgeber und einen, der ihr Wohl begründet hat«. Auch für die Kriegsführung und für handwerkliche Erfindungen habe er nichts Nützliches gebracht. Außerdem sei Homers Dichtung für die persönliche Lebensführung unnütz, weshalb im Unterschied zu einer »pythagoreischen Lebensweise« keine »homerische Lebensweise« (Rep. X 600 b) bekannt sei. Zudem hätten sich Sophisten wie Protagoras und Prodikos nicht als neue Orientierungsinstanz aufspielen können, wenn Homer und die anderen Dichter »wirklich imstande gewesen wären, Menschen auszubilden und besser zu machen« (Rep. X 600 c). Dann hätten die Sophisten den Nutzen Homers nicht überbieten können. Homer aber sei nicht nur unnütz, er sei sogar schädlich, weil er die Seele verderbe, indem er sie durch ungezügelte Emotionen in Unordnung bringe.

Der Grund für die Entfernung aller Nachahmungskünstler ist für Platon die Schädlichkeit ihrer Kunst für die Seele, weil sie diese statt an der Wirklichkeit selbst nur an Abbildungen von Abbildungen orientieren können, aber dennoch einen

Orientierungs- oder Wahrheitsanspruch erheben. Damit kritisiert Platon zwar – wie er gegen den Vorwurf einer pauschalen Dichterkritik in Schutz genommen werden muss – den Orientierungsprimat Homers, nicht aber dessen sonstige ästhetische Qualitäten. Vielmehr räumt er der Dichtung Homers, die er selbst »von Kindheit an« besonders schätze (Rep. X 595 b), zum Schluss durchaus einen Platz in seinem Staatsentwurf ein, falls sie »nicht nur anmutig, sondern auch förderlich für die Staaten und das gesamte menschliche Leben« (Rep. X 607 d) wäre. Im »alten Streit zwischen der Philosophie und Dichtkunst« (Rep. X 607 b), aber auch im Streit mit der neuen Orientierungsinstanz der Sophistik, erhebt Platon dagegen für seine Philosophie den Führungsanspruch. Dass zwar nicht jeder Dichter ein Philosoph ist, ein Philosoph hingegen durchaus Dichter sein kann, zeigt Platon auch selbst mit den dichterischen Qualitäten vieler seiner Dialoge.

Die Nützlichkeit des pragmatisch verstandenen Ideenwissens bewährt sich nach Platon in verschiedenen Bereichen. Der zunächst am Bereich der handwerklichen Gegenstände erläuterte pragmatische Wirklichkeitsbezug unseres Wissens bedeutet für den Mathematiker, dass er von seinem Satzwissen in mathematischen Konstruktionen Gebrauch machen kann. Es reicht nicht aus, wenn er allgemeine mathematische Sätze und Regeln auswendig gelernt hat, er muss sie auch im Einzelfall anwenden können. Im Bereich der Natur ferner geht es Platon ebenfalls nicht lediglich um ein theoretisches Wissen, in dem die Ordnung des Kosmos »geschaut« wird. Das Erkennen des Kosmos der Gestirne ist kein bloß theoretisches Anschauen ewiger Strukturen, sondern besteht in ihrem praktischen Gebrauch für die Seele, indem wir uns dem Kosmos »angleichen«. Denn »die dem Göttlichen in uns verwandten Bewegungen [sind] die Gedanken und Umschwünge des Weltganzen« (Tim. 90 c f.). Für den handlungspraktischen Bereich schließlich bedeutet der pragmatische Ideenbezug, dass sich allgemeines Tugendwissen, Einzelfallanalyse und Urteilskraft im persönlichen und politischen Leben zusammen genommen als nützlich erweisen.

Nicht nur die Ideenbereiche, sondern auch die Ursachenarten lassen sich von der pragmatischen Ideenlehre her verstehen. Was Aristoteles am Beispiel der Opferschale unterscheidet, gilt auch für Platons Beispiel vom Zaumzeug. Der Reiter kennt sich mit der materiellen Beschaffenheit des Zaumzeugs aus, außerdem weiß er, wie ein brauchbares Zaumzeug »auszusehen« hat, und erkennt somit dessen Form oder Struktur, damit es, so die entscheidende dritte Ursache, seinen Zweck erfüllen kann. Das Wissen um diese drei Ursachen bezieht sich viertens auf die Wirkursache, die der Reiter als Gebrauchswissen dem Hersteller vermittelt und von diesem in der Herstellung angewendet wird. Die vier Ursachenarten kann man außer beim Herstellen auch bei den übrigen Ideenbereichen feststellen, wenngleich nicht in jedem Fall vollständig. Der Mathematiker kennt sich in den ideellen Strukturen oder Definitionen aus und kann von ihnen erfolgreich in seinen Konstruktionen Gebrauch machen, indem er sie in materiellen Formen, etwa in Zeichnungen, umsetzt. Im Bereich der Handlungspraxis ferner muss man sich ebenfalls in den Tugenden als allgemeinen Strukturen auskennen und diese auf die konkreten Einzelfälle anwenden, vor allem aber selbst ein tugendhaftes Leben führen oder »bewirken«. Ähnlich zeigen sich die vier Ursachenarten schließlich auch im Erkennen der harmonischen Strukturen oder Formursachen des sichtbaren, materiellen Kosmos, die man durch »Angleichung« in seinem Leben zur Anwendung bringen soll.

Von der pragmatischen Ideenlehre Platons im X. Buch des *Staates* her kann man im Rückblick auch die drei berühmten, oft platonistisch missverstandenen Gleichnisse im VI. und VII. Buch angemessen verstehen. Das erste Gleichnis, das Sonnengleichnis (Rep. VI 507 a – 509 c), betont den Gebrauchs- oder Nutzenaspekt der Ideenlehre unmissverständlich, insofern die Sonne ein Gleichnis für den Nutzen der Idee des Guten sein soll, wie auch andere Platon-Forscher hervorheben. (Vgl. Ricken 1995; Bordt 1999, 89–93) Nachdem analog zu den drei »Teilen« der Seele und den ihnen zukommenden Tugenden der Weisheit, Tapferkeit und Besonnenheit der geordnete Aufbau der drei Stände der Polis geklärt worden ist, in der jeder »das Seine tut« und somit im »Ganzen« Gerechtigkeit herrscht (Rep. IV), wird im Sonnengleichnis die Idee des Guten als »die größte Einsicht« eingeführt. Diese allerdings könne nur als Gleichnis angedeutet werden. Mit der gleichnishaften Darstellung der Idee des Guten will Sokrates genauso wenig wie mit seiner ständig wiederholten Ideenannahme etwas Neues sagen, vielmehr habe sein Gesprächspartner Glaukon davon »schon vielfältig gehört«. Die Idee des Guten ist es, »durch welche erst das Gerechte und alles, was sonst Gebrauch von ihr macht, nützlich und heilsam wird« (Rep. VI 505 a). Damit erinnert Sokrates an dasjenige, was seiner Auffassung nach im Grunde genommen jeder immer schon ahnt. Das Gute ist die Harmonie und Ordnung, die die seelische Gesundheit und die Wohlfahrt der Polis ermöglicht und die man im eigenen Gebrauch erfährt. Der Nutzensaspekt gilt aber nicht nur für das gute Leben, sondern ausdrücklich auch für alle Ideen. (Rep. VI 507 b) Außerdem besteht die Nützlichkeit der Idee des Guten sowohl für die Erkenntnis als auch für das Sein von etwas. Wie die Sonne neben dem »Vermögen« (dynamis) des Gesehenwerdens »das Werden, Wachstum und die Nahrung« bewirkt, ist die Idee des Guten nicht nur die epistemologische Ursache des »Erkanntwerdens« einer harmonischen Ordnung, sondern auch die ontologische Ursache des »Seins und Wesens« von allem. (Rep. VI 509 b) Damit nimmt die Idee des Guten die Stelle der im *Phaidon* kritisierten materiellen Vernunftursache des Anaxagoras ein, die dem platonischen Sokrates zufolge nicht die Ordnung des Weltganzen erklären könne. Worin der epistemologische und ontologische Nutzen der »Idee des Guten« besteht, führt der platonische Sokrates an dieser Stelle nicht näher aus, dies lässt sich aber aus anderen Dialogen erschließen.

Für den Bereich des menschlichen Handelns und Lebens hat dies der platonische Sokrates zuvor am Aufbau des Staatsganzen dargelegt. Er ist davon überzeugt, selbst einem Tyrannen klarmachen zu können, worin für ihn der wirkliche und nicht nur vermeintliche Nutzen oder das Gute besteht, wie es im *Gorgias* heißt. In Wirklichkeit nämlich wollen die Tyrannen »nicht hinrichten und des Landes und Vermögens berauben so schlechthin an sich, sondern wenn uns dergleichen nützlich ist, wollen wir es tun, ist es uns aber schädlich, dann nicht. Denn nur das Gute wollen wir.« (Gorg. 468 c) Tatsächlich könnte Sokrates bei seinem sophistischen Gesprächspartner mühelos allgemeine Zustimmung dafür finden, dass jeder von uns nach dem Guten oder für ihn wirklich Nützlichen als Zweck seiner Handlungen strebt. Dagegen könnte er mit seiner konkreten Behauptung, dass nur ein persönlich und öffentlich »tugendhaftes« Leben für uns wirklich nützlich ist, einen Sophisten vom Schlag eines Kallikles oder einen Tyrannen kaum überzeugen, noch weniger für den strittigen Einzelfall. Wenn Sokrates dabei an Erfahrungen mit der »Ordnung« der Seele und der Polis erinnert, kommt er nicht ohne Deutungen aus, die ein Tyrann oder Sophist gerade nicht teilen. Allerdings versucht er möglichst gute Gründe für diejenigen vorzubringen, die bereits zu ähnlichen Überzeugungen neigen, aber vielleicht noch unsicher sind. Einfacher dagegen lässt sich der wirkliche Nutzen im handwerklichen Bereich beurteilen, etwa im Beispiel vom Zaumzeug, da hier weitgehend Übereinstimmung bei den Benutzern besteht, wann etwas den Zielvorstellungen entspricht. Am einfachsten sind ferner die mathematischen Operationen als nützlich oder gut zu bewerten, da sie auf deduktiven Ableitungen beruhen. Was ein guter Kreis ist, lässt sich definitorisch eindeutig festlegen und konstruieren. Die »Angleichung« der Seele an die Ordnung der Gestirne und ihre innere Harmonie schließlich, so der vierte im *Phaidon* unterschiedene Bereich der Ursachenforschung, ist kaum übereinstimmend als gelungen oder misslungen zu beurteilen. Allerdings erhebt Platon im *Timaios*, wie noch zu zeigen sein wird, den Anspruch, den geordneten Aufbau des Weltganzen als Kosmos darlegen zu können.

Im zweiten Gleichnis, dem Liniengleichnis (Rep. VI 509 d – 511 e), wird der Nützlichkeits- oder Gebrauchsaspekt vom Bereich des guten Lebens auf die gute oder erfolgreich betriebene mathematische Praxis der Geometrie übertragen. Die Geometrie oder mathematischen Gegenstände insgesamt kommen im Liniengleichnis als vierter Bereich zwischen den bereits bekannten Bereichen der reinen Ideen einerseits sowie dem Bereich der Gegenstände und der Schatten andererseits, die für die nutzlosen Nachahmungen durch die Dichter und Sophisten stehen, hinzu. Platons Sokrates ordnet auf einer Linie den beiden Bereichen der Sinnen- und Ideenwelt die zwei Hauptabschnitte AC und CE zu, die ihrerseits in die zwei Unterabschnitte AB und BC sowie CD und DE geteilt sind. (Vgl. Abb. 3; nach Bordt 1999, 95.) Die Haupt- und Unterabschnitte stehen jeweils in demselben ungleichen Verhältnis zueinander (ungefähr wie 2:1), um einen ontologischen und epistemologischen Vorrang auszudrücken. Wie die Ideen gegenüber der Mathematik sind auch die Gegenstände gegenüber den Schatten höher einzustufen, ebenfalls deren jeweilige Erkenntnisweise. Dieselbe ontologische und epistemologische Bewertung gilt auch für das Verhältnis von Erkennbarem und Sichtbarem insgesamt.

Zunächst könnte es nach der Topologie des Liniengleichnisses im platonistischen Sinne scheinen, als ob Platon das Seiende in zwei voneinander abgetrennte Bereiche einteilen wollte, denen unterschiedliche Erkenntnisweisen entsprechen und die jeweils in einem Urbild-Abbild-Verhältnis zueinander stehen. Danach bilden die Ideen und mathematischen Gegenstände den Bereich des Erkennbaren, die sinnlichen Gegenstände und Schatten (Bilder, Spiegelungen) dagegen den Bereich des Sichtbaren. Den unterschiedlichen Seinsbereichen wiederum, so scheint es ebenfalls, werden getrennt für sich die unterschiedlichen Erkenntnisweisen der Vernunft

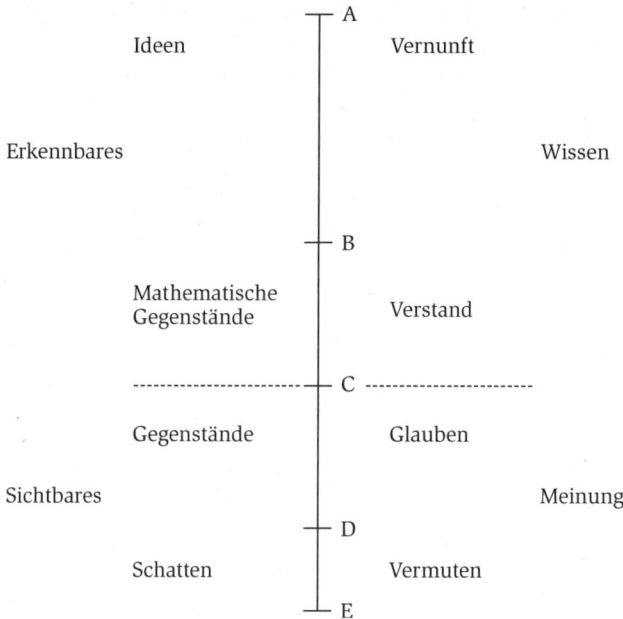

A

Ideen   Vernunft

Erkennbares   Wissen

B

Mathematische
Gegenstände   Verstand

---------------------- C ----------------------

Gegenstände   Glauben

Sichtbares   Meinung

D

Schatten   Vermuten

E

Abb. 3

und des Verstandes einerseits sowie des Glaubens und des Vermutens andererseits zugeordnet. Schwierigkeiten machen bei dieser Einteilung allerdings zunächst die mathematischen Gegenstände, als ob sie neben den Ideen einen abgetrennten Seinsbereich des Erkennbaren für sich darstellten und eine eigene Zugangsweise des Erkennens erforderten.

Man braucht sich aber nur an das Kreisbeispiel aus dem *Siebten Brief* zu erinnern, um zu sehen, dass im Liniengleichnis keineswegs voneinander getrennte Seinsbereiche und Erkenntnisweisen gemeint sind, weder für die fraglichen mathematischen Gegenstände noch für die Bereiche des Erkennbaren und Sichtbaren. Platon macht im Liniengleichnis am Beispiel »der Messkunst und Rechnungen« vielmehr deutlich, dass ihre Vertreter Rechnungen (BC) über das »Viereck selbst« (AB) anhand von gezeichneten Vierecken (CD) anstellen, »wovon es auch Schatten und Bilder im Wasser gibt« (DE), dass sie aber für gewöhnlich über ihr Tun »keine Rechenschaft abgeben« (Rep. VI 510 c). Mit ihren Lehrsätzen, so kritisiert Platon, gehen die gewöhnlichen Mathematiker von den Voraussetzungen oder Definitionen zu den Ableitungen und Lehrsätzen über, ohne den impliziten Ideengebrauch der Voraussetzungen zu verstehen. Die gewöhnlichen Mathematiker wissen beispielsweise nicht, dass der sinnlich wahrnehmbare Kreis nicht der ideale Kreis der Definition ist, wie es im *Siebten Brief* heißt, oder dass sich die geometrische Darstellung der »geraden und ungeraden« Zahlen mithilfe von Zeichnungen auf ideale Gestalten bezieht, wie im *Euthyphron* angedeutet wurde. Die scheinbar eigenständigen mathematischen Gegenstände (BC) in den Rechnungen und Zeichnungen sind daher unverstandene Ideen. Genauso wie die Nachahmungskünstler, die Dichter und Redner, die von ihnen beschriebenen Gegenstände nicht aus eigenem Gebrauch kennen, wissen auch die gewöhnlichen Mathematiker nicht wirklich, was sie tun. Sie überlegen nach Platon nicht, inwiefern ihre »Konstruktionsanweisungen bzw. Regeln« wirklich »funktionieren« (Mittelstraß 1985, 403). Sie wissen nicht, dass sich ihr Wissen auf allgemeine Strukturen oder Ideen bezieht. Der Dialektiker dagegen weiß nach Platon, dass er es im Umgang mit mathematischen und anderen Begriffen mit Ideen zu tun hat, »ohne sich überhaupt eines sinnlich Wahrnehmbaren zu bedienen« (Rep. VI 511 c). Dass der Dialektiker im Unterschied zum Mathematiker nicht mit sinnlich wahrnehmbaren Dingen umgeht, etwa mit gezeichneten Dreiecken oder Quadraten, sondern allein mit Begriffen oder Ideen, bedeutet allerdings nicht, dass diese von der Sinnenwelt abgetrennte Wesenheiten darstellen. Auch der Dialektiker geht mit Situationen und Dingen der Sinnenwelt um, leitet daraus aber nicht irrtümlicherweise, wie der gewöhnliche Mathematiker, seine Erkenntnisse ab, sondern bezieht sich auf allgemeine Strukturen oder Ideen. Das Wissen der Dialektiker ist menschlich und nicht göttlich, wie der platonische Sokrates unermüdlich betont.

Auch das dritte Gleichnis, Platons berühmtes Höhlengleichnis (Rep. VII 514 a – 518 b), scheint zunächst auf eine Zwei-Welten-Lehre hinauszulaufen. Bei genauerer Analyse aber führt es den Gebrauchsaspekt von Platons Ideenlehre aus dem Sonnen- und Liniengleichnis weiter. Platon vergleicht uns Menschen mit Höhlengefangenen, die von Kindheit an unbeweglich auf ihren Sitz gefesselt sind. Sie können nur nach vorn auf die Höhlenwand sehen und merken nicht, was sich hinter ihrem Rücken abspielt. Daher halten sie notwendigerweise die Schatten an der Höhlenwand (im Liniengleichnis den Unterabschnitt DE) für die volle Wirklichkeit. Sie können die Schatten nicht als Abbilder von Gegenständen des Unterabschnitts CD erkennen, die »Gaukler« wie in einem Puppenspiel hinter ihnen hin- und hertragen und deren Schatten ein Höhlenfeuer an die Höhlenwand wirft. Erst »wenn einer entfesselt wäre und gezwungen würde, sogleich aufzustehen«, könnte er den Schatten *als* Abbild erkennen. Wenn er dann gar die Höhle verlassen würde, könnte er zuerst nur Bilder der Dinge im Wasser erkennen (BC), erst dann die Dinge selbst und alles, was am Himmel ist (AB). Wie das Seiende könnte der Höhlenbewohner auch dessen Ursache nur schrittweise erkennen: zuerst das Höhlenfeuer als Stoffursache der Schatten, dann die Dinge und die Sonne als Form-, Zweck- und Wirkursache, wie man auch hier nach Aristoteles unterscheiden kann. Zuletzt aber wird der Befreite beim Anblick der Sonne »erschließen (syllogizoito), dass sie es ist, die alle Zeiten und Jahre erschafft und alles ordnet in dem sichtbaren Raume und auch von dem, was sie dort sahen, gewissermaßen die Ursache ist«. Mit dieser Weisheit vom Aufbau des Ganzen würde sich der befreite Höhlengefangene »glücklich preisen«, seine ehemaligen Mitgefangenen aber »bemitleiden«. Ihre Kenntnisse der Schattenwelt und die daraus entstehenden Ehrungen und Belohnungen wären ihm nichts mehr wert. Wenn er jedoch wieder auf seinen alten Sitz hinunterstiege, wäre er vom Licht der Sonne geblendet und könnte im Wettkampf der Schattenkenntnisse nicht mithalten. Zunächst würden ihn seine Mitgefangenen daher nur auslachen. Wenn er sie dann aus ihren Fesseln »lösen und hinaufbringen« wollte, würden sie ihn schließlich umbringen – eine deutliche Anspielung auf das Schicksal des Sokrates.

Die Unterscheidungen des Höhlengleichnisses sind allein auf die Sinnenwelt des Liniengleichnisses bezogen. Sie lassen sich als weitere Einteilungen der unteren Abschnitte CD und DE des Liniengleichnisses darstellen (ED_1, D_1D, DC_1, C_1C; vgl. Abb. 4). Der Aufstieg aus der Höhle geschieht somit innerhalb der Sinnenwelt des Liniengleichnisses und ist kein Übergang in eine jenseitige, getrennte Ideenwelt. Genauso kann auch Platons Sokrates für seine Sicht auf die Höhle keinen Standpunkt von außerhalb oder von oben für sich beanspruchen. Er ist und bleibt selbst Höhlenbewohner, »erinnert sich« aber an sein Vorwissen davon, was wirklich oder wahr ist.

Während die ersten beiden Gleichnisse den Umgang mit Ideen unter ontologischen und epistemologischen Gesichtspunkten darstellen, betont das dritte Gleichnis den anthropologischen und pädagogischen oder bildungspraktischen Gesichtspunkt der Ideenannahme. Gleich zu Beginn des Höhlengleichnisses vergleicht Platon »unsere Natur (physis) in Bezug auf Bildung (paideia) und Unbildung« mit der Situation der gefangenen und befreiten Höhlenbewohner. Dass die Gesamtanlage des Gleichnisses keineswegs selbstverständlich ist, wird gleich zu Anfang ausgedrückt, wenn sich Sokrates' Gesprächspartner Glaukon, ein Bruder Platons, wundert: »Ein sonderbares (atopon) Bild stellst du dar und sonderbare Gefangene.« Da das Höhlengleichnis offensichtlich Platons Auffassung von der Natur des Menschen und seiner Bildung als Ergebnis seiner ausführlichen Auseinandersetzung mit der alten Bildungstradition Homers und der neuen Bildungsmacht der Sophisten (der »Gaukler«) zusammenfasst, geht

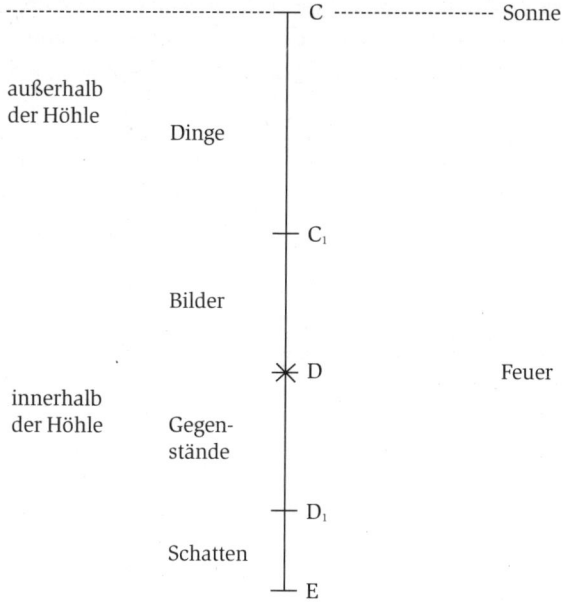

----------------------------- C ----------------------- Sonne

außerhalb
der Höhle

Dinge

C₁

Bilder

D   Feuer

innerhalb
der Höhle

Gegen-
stände

D₁

Schatten

E

Abb. 4

Sokrates auf die Verwunderung Glaukons nicht näher ein, sondern führt seinen Vergleich unbeirrt weiter aus, indem er ohne jede weitere Begründung behauptet: »Sie gleichen uns.« Die knappe, apodiktisch klingende Bemerkung des Sokrates ist daher keine unbegründete, anmaßende Behauptung eines Philosophen, der sich auf ein absolutes Wissen beruft, sondern das Ergebnis eines Philosophen, der nach mühevoller Erkenntnisarbeit seine Einsichten in einem Gleichnis zusammenfasst.

Wie die beiden anderen Gleichnisse ist auch das Höhlengleichnis nicht im Sinne der platonistischen Zwei-Welten-Lehre zu verstehen. Vielmehr ist der Nutzenaspekt auch für das Höhlengleichnis wesentlich. Nach einer anfänglichen Verwirrung nämlich, so heißt es, könne man nach dem Abstieg in die Höhle jedes Schattenbild besser erkennen, »was es ist und wovon« (Rep. VII 520 a). Philosophie ist für den platonischen Sokrates kein Selbstzweck seliger Ideenschau, sondern soll dem Nutzen der Polis dienen. Zu diesem Zweck wurden die Philosophen ausgebildet und sie müssen als Staatsdiener »Kostgeld« zurückzahlen. Als Menschen, so macht Platon deutlich, leben wir in der Höhle, nicht in einem Götterhimmel oder auf einer »Insel der Seligen« (Rep. VII 510 c). Das Höhlenleben von uns Menschen kann aber nur dann gelingen, wenn im Prozess der philosophischen Bildung die Bürger »von Kindheit an« (Rep. VII 519 a) ein bloßes Ausleben der Lust überwinden und sich an der Wahrheit orientieren. Daher legt Platon besonderen Wert auf frühkindliche Erziehung durch angemessene Musik, Bewegungen und Erzählungen und macht sogar Vorschläge für eine pränatale Erziehung (Rep. II).

Die »Umwendung« der Seele geschieht entgegen der äußeren Topologie des Höhlengleichnisses von Aufstieg und Abstieg nicht durch Hinwendung zu einem anderen, höheren Seinsbereich, wie Platon erneut am Beispiel der Mathematik zeigt. Das brauchbarste Bildungsmittel zum Zweck der Wahrheitsorientierung ist für Platon die Rechenkunst: »Was jeder zuerst lernen muss, ist jenes Schlichte, die eins und zwei und drei zu verstehen.« (Rep. VII 522 c) Gemeint sind, ähnlich wie im *Phaidon*, die Relationen »größer« und »kleiner«, etwa dass ein Finger größer ist als der andere und kleiner als ein dritter. Die verstandene Mathematik führt daher von einer bloßen Orientierung an der Sinnenwelt zum Gebrauch von Ideen generell. Vorausgesetzt für die gelingende Umwendung zur Wahrheit ist die hierzu geeignete »philosophische Seele« (Rep. IV 486 b). Die zukünftigen Philosophenherrscher sind daher nach Kriterien wie Verträglichkeit, gutes Gedächtnis und Musikalität oder Harmoniefähigkeit ausgesucht und erzogen worden und müssen sich zusätzlich in einer guten körperlichen Verfassung befinden. Die »Umwendung« zur Wahrheit betrifft somit, wie erneut sichtbar wird, den ganzen

Menschen, nicht nur ein vom Sinnenwesen abgetrenntes Vernunftwesen. (Rep. VII 518 c–d) Außer der Rechenkunst und Geometrie werden auch die Astronomie und die Musik als pythagoreische Kunst der Harmonie in das Curriculum aufgenommen, um die Orientierung an der Wahrheit zu bewirken.

Die genannten Künste sind Vorübungen für die Dialektik. Diese ist von einem bloßen Streit mit Worten (Eristik) für unreife »Knäblein« zu unterscheiden. (Rep. VII 539 b) Die Dialektik ist allerdings auch, wie aus dem Kontext des *Staates* zu entnehmen ist, von einem platonistisch verstandenen Umgang mit scheinbar abgetrennten Ideen zu unterscheiden. Wenn sich der zukünftige Philosophenherrscher fünf Jahre lang mit der Dialektik beschäftigt hat, muss er sich zusätzlich fünfzehn Jahre lang in der »Höhle« praktisch bewähren und Erfahrungen sammeln, bis er schließlich mit fünfzig Jahren zur Philosophie und zur Philosophenherrschaft fähig ist. Dann erst wissen er und ebenso die Philosophenherrscherin (Rep. VII 540 c), die von Platon ausdrücklich in das Curriculum mit aufgenommen wird, aus Erfahrung und durch Nachdenken, was für das persönliche und öffentliche Leben wirklich gut ist. Sie haben im Idealfall, so lässt sich aus der Analyse der Frühdialoge erschließen, durch ihre Bildung ein Wissen der Tugenden erlangt, können eine Situationsanalyse vornehmen und besitzen Urteilskraft. Dadurch sind die ausgesuchten und ausgebildeten Philosophen in der Lage, den *Staat* zu lenken. Nur wer charakterlich und intellektuell dazu geeignet ist, kann den Versuchungen der Macht widerstehen und sich politisch betätigen. Trotz der akzeptablen generellen Vernunftorientierung der Politik entwickelt Platon im *Staat* und vor allem in seinem Spätwerk, den *Gesetzen*, allerdings Vorstellungen einer rigorosen Durchführung, die zumindest aus heutiger Sicht eher einer Vernunftdiktatur gleichen, beispielsweise in seinen harten Strafandrohungen, seinen Vorstellungen über das Sexualleben und dem Ausschluss »der Vielen« von politischer Mitbestimmung oder der Regierung.

Die Frage nach dem Sinn des Ganzen – Diesseits und Jenseits

Bei seiner dritten Leitfrage, was wir für unser Leben im Diesseits und im Jenseits als Ziel erhoffen dürfen, scheint Platon die Differenziertheit und sein Bemühen um begründetes Denken, wie er sie bei den ersten beiden Leitfragen nach den Tugenden und dem Erkennen gezeigt hat, aufzugeben. Seine nüchterne und genaue Argumentation, so hat man den Eindruck, wird von einer spekulativen, ja schwärmerischen Metaphysik abgelöst, die bei den einen als tiefe Weisheit Bewunderung erzeugt, bei den anderen dagegen als bloße Begriffsdichtung und Mythenerzählung auf Ablehnung stößt. Er scheint vom Logos wieder in den Mythos zurückzufallen. Allerdings mischen sich bei Platon von Anfang an beide Momente. Er benutzt häufig Mythen, aber auch Gedankenexperimente, Bilder oder Vergleiche, wo die argumentative Darstellung an ihre Grenzen stößt. Am bekanntesten sind das Bild vom »überhimmlischen Ort« der reinen Ideen (Phaedr. 247 a – c); die mythologische Redeweise von der vorgeburtlichen Ideenschau (Men. 81 a – b); das Gedankenexperiment von Gyges und dem Ring, der unsichtbar macht, um den Träger auf die Probe zu stellen, ob er sich am Guten als Selbstzweck oder aus Nutzenerwägungen heraus orientiert (Rep. II 359 b – 360 d); das Höhlengleichnis, um uns die menschliche Situation zwischen Diesseits und Jenseits vor Augen zu führen (Rep. VII 514 a – 517 a); das Gleichnis vom Wagengespann der Seele, um die Rolle der Vernunft, des Willens und der Triebe darzustellen (Phaedr. 246 a – 257 a); und schließlich der Mythos von der ursprünglichen Kugelgestalt des Menschen, um die Sehnsucht des Menschen nach einem ursprünglich »geordneten« Zustand auszudrücken (Symp. 189 d – 191 d).

Auch die Frage nach dem Sinn des Ganzen wird von Platon in einen Mythos eingebettet. So enden die Ausführungen in der *Politeia* über das gute und gerechte Leben mit einem Mythos über das Leben der Seele im Jenseits. Platon übernimmt damit vor allem die Jenseitsmythen der Pythagoreer und Orphiker, allerdings akzeptiert er sie nicht kritiklos. Im *Phaidon* etwa verbringt Sokrates die letzten Tage seines Lebens damit, dass er mit Freunden die Mythen über die Unsterblichkeit der Seele durchspricht und prüft. Ferner greift Platon die von ihm kritisierten Göttermythen der homerischen Tradition auf und transformiert sie in eine »Gotteslehre« (theologia, Rep. II 379 a) oder in eine vernunftorientierte Moralvorstellung (Euthyph. 10 a – 11 b).

Mit seinem Gebrauch von Mythen kehrt Platon den Weg »vom Mythos zum Logos« nicht etwa um, sondern verbindet beides miteinander als »Durchdringung von Mythos und Logos«, wie Nestle in seinem bekannten Werk betont. (Nestle 1975, 17 f.) Nach Nestle kann man bei Homer von einem »Logos im Mythos« sprechen, etwa in den strukturierten Beziehungen der Götter untereinander und zu den Menschen, in der Ordnung der Welt sowie in der Personifikation abstrakter Begriffe, etwa von Klugheit, Recht, Ordnung oder Gesetz. Bei Platon dagegen stehe umgekehrt der »Mythos im Dienste des Logos«: »wo er die Grenze des mit dem Denken Erreichbaren berührt, da greift er zum Gleichnis, zum Mythos, um die transzendente Welt [...] ahnen zu lassen« (Nestle 1975, 18). Platon benutzt vor allem dann einen Mythos, wenn es um Fragen wie die Ideenschau des Göttlichen, die Unsterblichkeit der Seele, die Welt als Kosmos oder die Existenz Gottes geht. Dies sind inhaltlich gesehen metaphysische Fragen, die »jenseits der Natur« oder der sinnlichen Erfahrungen in Raum und Zeit liegen. Von der Metaphysik als Inhalt ist bei Platon die Metaphysik als Erkenntnis- und Darstellungsweise zu unterscheiden, etwa Gedankenexperimente, Bilder, Vergleiche, Sagen und Erzählungen, die sich als Mythos im Unterschied zur argumentativen Redeweise zusammenfassen lassen.

Wörtlich übersetzt bedeutet »Mythos« Erzählung oder Rede und wird oft umkleidet als altehrwürdige Sage von Priestern. Bei Platon ist der Mythos allerdings keine bloße Erzählung oder alte Sage, der man Glauben schenken kann oder eben nicht. Mit dem Mythos verbindet er vielmehr einen begründeten Erkenntnisanspruch. Im *Timaios* etwa bezeichnet Platon seine Darlegungen zum Aufbau des göttlichen Kosmos als eine »begründete Rede« (eikos mythos, Tim. 29 d 2), was über eine nur »wahrscheinliche Rede«, wie die Stelle manchmal übersetzt wird, hinausgeht. Platon bezeichnet den epistemologischen Status seiner Kosmologie zwar nicht nur als »wahrscheinlich«, sondern als »begründet«, aber eben nicht als absolut sicher. Bei seiner Kosmologie handelt es sich um einen Mythos, weil der materielle Bestandteil des Kosmos im Unterschied zur Ideenwelt prinzipiell kein absolut sicheres Wissen zulasse. Zusätzlich argumentiert er anthropologisch von der »menschlichen Natur« her. (Tim. 29 d 1) Wir sind keine reinen Vernunftwesen mit einem »göttlichen«, absoluten Wissen über die letzten Prinzipien, den Sinn des Weltganzen und das gute Leben, können jedoch nach einem derartigen Wissen streben. (Apol. 20 d ff.; Symp. 204 a ff.) Daher bedeutet die »begründete Rede« zwar die Abwehr einer absoluten, göttlichen Wahrheit, kommt aber als menschliche Vorstellung der Wahrheit nahe. Metaphysische Fragen und Antworten, die »jenseits der Natur« liegen, können Platon zufolge argumentativ geprüft und unterstützt werden, beruhen aber auf Ahnungen oder Erfahrungen, die sich einer absoluten Erkenntnis entziehen. Metaphysische Einsichten lassen sich letztlich nicht argumentativ begründen, auch nicht die Erkenntnis der Ideen oder Strukturen der Wirklichkeit, wie beispielsweise der *Laches* gezeigt hat. Wir können jedoch nach Platon von Erfahrungen und Einsichten ausgehen, die grundsätzlich jeder teilt.

Mit seinem Wahrheitsanspruch der »begründeten Rede« über metaphysische Fragen befindet sich Platon in einer Zwischenstellung zwischen dem ungeprüften Wahrheitsanspruch der Mythen Homers und ihrer völligen Ablehnung durch die Sophisten. Entsprechend leitet Platons Sokrates gegenüber seinem sophistischen Gesprächspartner Kallikles den homerischen Jenseitsmythos im *Gorgias* ein, der inhaltlich mit dem Jenseitsmythos des *Staates* übereinstimmt: »So höre denn, wie man sagt, eine gar schöne Rede (kalos logos), die du zwar für ein Märchen (mythos) halten wirst, wie ich glaube, ich aber für vernünftige Rede (logos). Denn als Wahres sage ich dir, was ich sagen werde.« (Gorg. 523 a; vgl. Prot. 320 c – 328 d) Was sich für die Sophisten als wertloses Märchen darstellt, wie es, so Sokrates, »ein Mütterchen erzählen würde« (Gorg. 527 a), beansprucht Platons Sokrates gut begründen zu können. Die Überzeugung des platonischen Sokrates, dass sich ein tugendhaftes Leben mehr lohnt als ein lasterhaftes Leben und dass das Unrechtleiden dem Unrechttun vorzuziehen ist, beruht nicht auf Belohnung oder Strafe, wie sie in den Jenseitsmythen erhofft oder angedroht wird. Vielmehr vertraut er mit Gründen darauf, dass ein derartiges Leben seinen Zweck in sich selbst trägt, insofern im Sinne eines wohlverstandenen Nutzens die Seele nicht zerstört wird und in Unordnung gerät, sondern sich in einer ausgeglichenen Verfassung befindet und somit »gesund« ist. Platons Diesseits- und Jenseitshoffnungen sind daher nicht Gründe für ein wahrhaft tugendhaftes oder philosophisches Leben, sondern dessen Konsequenzen und haben eine zusätzliche Motivationskraft, sich um ein derartiges Leben zu bemühen. Auch in der *Apologie* versteht Sokrates sein Philosophieren inhaltlich als Mahnung, nicht zuerst für das körperliche und materielle Leben, sondern für die Seele zu sorgen. (Apol. 30 a) Methodisch besteht sein Philosophieren darin, sich selbst und sein Leben täglich einer kritischen Prüfung zu unterziehen. (Apol. 38 a) Wie ein großes und träges Pferd einen »Sporn« brauche, der es antreibt (Apol. 30 e), brauche auch Athen das kritische Philosophieren des Sokrates. Das Philosophieren ist aber nicht nur für das Diesseits, sondern auch für das Jenseits nützlich oder das größte Gut.

(Apol. 30 a) Denn entweder bedeutet der Tod einen ewigen Schlaf oder ewig weiter zu philosophieren. (Apol. 41 b).

Auch nach dem Mythos im *Staat* sind vom Jenseitsgericht Belohnungen und Bestrafungen zu erwarten, es geht dabei jedoch nicht um die Begründung, sondern um die Konsequenzen eines guten Lebens. (Rep. X 612 a – 621 d) Der Mythos gibt Platon zufolge eine Antwort auf die Frage nach dem »Lohn« eines gerechten Lebens, »was für welchen und wie großen sie der Seele verschafft sowohl bei den Göttern als auch bei den Menschen, schon während der Mensch noch lebt und auch nach seinem Tode« (Rep. X 612 c). In erster Linie sei die Gerechtigkeit »für die Seele an und für sich das Beste« (Rep. X 612 b), wie ausdrücklich an die Erzählung vom Ring des Gyges erinnert wird (Rep. II 359 c – 360 d). Zusätzlich aber könne sich der Gerechte sicher sein, dass den Göttern weder die Lebensweise des Gerechten noch die des Ungerechten verborgen bleibt und dass sie die Ungerechten bereits im Diesseits bestrafen, den Gerechten hingegen belohnen. In einer inhaltlich geradezu christlich klingenden Redeweise heißt es über den Gerechten: »So müssen wir demnach von dem gerechten Manne denken, mag er nun in Armut leben oder in Krankheit oder was sonst für ein Übel gehalten wird, dass auch dieses zu etwas Gutem ausschlagen werde im Leben oder nach dem Tode.« (Rep. X 613 a) Die metaphysischen Hoffnungen des platonischen Sokrates beruhen allein auf menschlichen Erfahrungen und Überlegungen, die in der christlichen Rezeptionsgeschichte nachträglich religiös begründet wurden.

Wie sich die diesseitige Hoffnung auf ein gutes Leben des Einzelnen in einem gerechten Staat begründen und realisieren lässt, behandelt Platons Hauptwerk im Bereich der praktischen Philosophie, der *Staat* (griech. politeia, die Verfassung der Polis). In ihm entwirft er die Utopie eines idealen Staates, der zumindest in der Gegenwart noch keinen realen Ort hat und insofern ein »Niemandsland« (griech. ou, »nicht«, und topos, »Land«) ist. Die Bezeichnung »Utopie«

stammt allerdings nicht von Platon selbst, sondern von Thomas Morus, der in seinem 1516 erschienenen Werk *Utopia* eine gleichnamige Insel als Ort seines Staatsentwurfs wählt und sich ausdrücklich auf Platon bezieht. Weitere berühmte politische Utopien sind der *Sonnenstaat* von Tommasio Campanella (1623) und *Neu-Atlantis* von Francis Bacon (1638). Nach Platon bedeutet der Staatsentwurf einer Philosophenherrschaft aber keine bloße, nie realisierbare Utopie oder einen »frommen Wunsch«. Der ideale Staat ist »zwar schwer, aber doch irgendwo möglich« (Rep. X 540 d). Das »Musterbild (paradeigma) des guten Staates« (Rep. X 472 c) sei auch dann wahr und ein nützlicher Beurteilungsmaßstab für reale Staaten, wenn ein derartiger Staat nie realisiert würde. Er ist jedoch nach Platon durchaus realisierbar, jedenfalls kann er dem Musterbild »so nahe als möglich« kommen. (Rep. V 472 e – 473 b) Die zumindest in Annäherung mögliche Realisierung des idealen Staates knüpft Platon an zwei Bedingungen. Zum einen behauptet und fordert er in seinem Satz vom Philosophenherrscher: »Wenn nicht entweder die Philosophen Könige werden in den Staaten oder die jetzt so genannten Könige und Gewalthaber wahrhaft und gründlich philosophieren und also dieses beides zusammenfällt, die Staatsgewalt und die Philosophie […], gibt es keine Erholung von dem Übel in den Staaten.« (Rep. V 473 c) Zum anderen fordert Platon, dass alle Kinder über zehn Jahre »auf das Land geschickt werden«, weil für sie jede philosophische Bildung zu spät kommt. Die jüngeren und noch bildungsfähigen Kinder dagegen sollen nach strengen körperlichen, moralischen und intellektuellen Maßstäben ausgesucht und für eine Philosophenherrschaft erzogen werden. (Rep. VI 486 a – 487 a)

Aus eigener Erfahrung in Athen und in Sizilien war sich Platon darüber im Klaren, dass der annäherungsweise ideale Staat nur durch einen mühsamen Prozess philosophischer Bildung und Selbstveränderung vorbereitet werden kann. Daher hatte er sich von der praktischen Politik abgewandt und sich stattdessen der theoretischen Arbeit in seiner Akademie gewidmet. Platon wusste aber ebenfalls, dass philosophische Bildungsprozesse auch misslingen können. Was Sokrates im Fall seiner zeitweiligen, freilich bloß äußerlichen Anhänger Kritias, Charmides oder Alkibiades als Scheitern erfuhr, musste auch Platon selbst mit den Tyrannen von Sizilien und in den wiederholten Auseinandersetzungen mit sophistischen Machtpolitikern wie Thrasymachos (Rep. I) und Kallikles (Gorg.) erfahren. Eine realistische Einschätzung der charakterlichen Voraussetzungen und machtpolitischen Verhältnisse prägt auch Platons Theorie vom Verfall der Staatsformen. Die Philosophen sind nach Platons Auffassung zwar am ehesten, aber nicht mit Sicherheit gegen die Versuchung der Machtgier gefeit. Daher kann selbst die Philosophenherrschaft über die Zwischenstufen der Timokratie als Herrschaft der Ruhmsucht, der Oligarchie als Herrschaft der wenigen Reichen und der sogenannten Demokratie als Herrschaft der willkürlichen Menge schließlich sogar zur Tyrannis als Herrschaft totaler Begierden eines Einzelnen missraten. (Rep. IIX) Sogar Platons eigene Philosophie steht als politische Utopie in Gefahr, in eine tyrannische Herrschaft des guten Willens und guten Wissens nach Art der Vernunftdiktatur eines Robespierre umzuschlagen. Dies liegt bei Platon aus theoretischen und praktischen Gründen durchaus nahe, insofern er die philosophische Kompetenz weitgehend auf ein Prinzipienwissen beschränkt und in Anbetracht der ausufernden zeitgenössischen Demokratie ohnehin »den Vielen« misstraut.

In seinen Werken beschäftigt sich Platon in erster Linie mit der Hoffnung auf ein gutes Leben im Diesseits. Er setzt sich aber auch mit der Frage auseinander, in welcher Form ein gutes Leben im Jenseits fortgesetzt oder in Erfüllung gehen könnte. Der wichtigste Dialog für Platons Jenseitshoffnungen ist der *Phaidon* mit den Gesprächen über die Unsterblichkeit der Seele angesichts der bevorstehenden Hinrichtung des Sokrates. Als literarisches und philosophisches Meisterwerk hat der Dialog mehrere Nachdichtungen erlebt. Die bekanntesten sind Boethius' *Trost der Philosophie* (*De Consolatione Philosophiae*, um 524 n. Chr.) und Moses Mendelssohns *Phädon* (1764). Platons *Phaidon* wurde aber auch wegen seiner vermeintlich rationalistisch-metaphysischen Unsterblichkeitsbeweise scharf kritisiert, vor allem von Kant, der seine Kritik an die Adresse von Mendelssohn richtete (KrV B 414–421).

In einem Rahmengespräch (Phaed. 57 a – 59 c) wird Phaidon, ein enger Freund des Sokrates und der spätere Gründer einer eigenen philosophischen Schule, von dem Pythagoreer Echekrates gebeten, als Zeuge zu berichten, was die letzten Worte des Sokrates waren und wie er gestorben ist. Die meisten der Anwesenden waren entweder Pythagoreer, wie Simmias und Kebes, oder alte Freunde des Sokrates, wie Kriton. Seine Frau Xanthippe dagegen und seine beiden kleineren Kinder wurden als störend herausgeschickt, unmittelbar vor seinem Tod aber zum Abschiednehmen wieder hereingeholt (Phaed. 60 a, 116 b) – »Platon aber, glaube ich, war krank« (Phaed. 59 b). Durch die Wahl der Gesprächspartner des Sokrates macht Platon deutlich, dass die Untersuchungen im engen Zusammenhang mit Vorstellungen der pythagoreischen Schule stehen. Während von ihrem Gründer Pythagoras (um 570 – 496 v. Chr.) keine schriftlichen Quellen erhalten sind, ist aus den bruchstückhaften Quellen seiner Anhänger einigermaßen glaubhaft überliefert, dass die Pythagoreer Philosophie als eine Einheit von praktischer Lebensführung und Lebensberatung (Diätetik, Gymnastik und musische Tätigkeit) sowie von Politikberatung, mathematischer Naturdeutung und Harmonielehre betrieben. (Riedweg 2007) Neben dem Bezug zum Pythagoreismus wird im anschließenden Vorgespräch (Phaed. 59 c – 69 e) sowie im weiteren Gesprächsverlauf erneut Platons Nähe zum Mythos herausgestellt. So wird die ungewöhnlich lange Zeit zwischen der Verurteilung und der Hinrichtung des Sokrates damit erklärt, dass bis zur Rückkehr des sagenhaften Schiffs des Theseus von der Insel Delos zu Ehren des Gottes Apollon keine Hinrichtungen stattfinden durften. Auf Apollon beruft sich Sokrates auch in der *Apologie* als Auftraggeber seiner philosophischen Tätigkeit. Weder den Auffassungen der Pythagoreer noch dem apollinischen Mythos folgt Platons Sokrates allerdings blind, vielmehr unterzieht er sie einer Prüfung durch den Logos. Ähnlich sind auch die Unsterblichkeitsbeweise im *Phaidon* aus einer skeptischen Distanz zu verstehen.

Trotz aller Skepsis aber ist Sokrates unerschütterlich von der Unsterblichkeit der Seele überzeugt. Damit ist allerdings nicht gesagt, dass er der pythagoreischen Auffassung einer strikten Trennung von Leib und Seele folgt. Phaidon berichtet zwar im Vorgespräch zu den anschließenden Unsterblichkeitsbeweisen, dass der Philosoph generell, wie Sokrates sage, gern sterbe, weil er nach der Trennung der Seele vom Körper endlich im Jenseits die reine Wahrheit schauen könne. (Phaed. 62 c–d, 64 a–68) Aber es ist durchaus fraglich, ob er Sokrates richtig verstanden hat oder nur die pythagoreische Auffassung wiedergibt, die Sokrates kritisiert. Mit seinen anschließenden Unsterblichkeitsbeweisen (Phaed. 69 e–107 a) jedenfalls prüft Sokrates gerade derartige pythagoreische Mythen von der Seele und ihrem jenseitigen Leben.

Anders als sonst kommen Platons Hauptgegner, Homer und die Sophisten, dabei erst gar nicht vor. Während die Sophisten wegen ihres naturalistischen Menschenbildes sowieso keinerlei Jenseitsvorstellungen zulassen, führt bei Homer die Seele nur ein jämmerliches Schattendasein im Hades (Ilias XI) und hat auch im Diesseits keine eigene Existenzweise. Die Seele wird bei ihm lediglich im wörtlichen Sinne von »psyche« als etwas »Luftartiges, Hauchartiges« oder »Atem« verstanden. (Rohde 1980, 3) Dagegen kommt der Seele nach pythagoreischen und orphischen Vorstellungen ein eigenes Sein zu, das im Wert sogar noch weit über dem Leib steht. Die Seele führt nach ihrer Trennung vom Leib und nach gelungener Reinigung von aller Sinnlichkeit, die lediglich als Quelle von Irrtum und schädlichen Begierden angesehen wird, eine glückselige Existenz ewiger Wahrheitsschau.

(Riedweg 2007, 87–89) Somit kann man im *Phaidon* einerseits gegenüber Homer eine Aufwertung der Existenzweise der Seele durch Platon feststellen, andererseits gibt der Dialog mit seiner extremen Leibfeindlichkeit sowie mit seinem überschwänglichen Jenseitslob die Seelen- und Unsterblichkeitslehre der Pythagoreer wieder, die Platon selbst offensichtlich kritisiert. (Ebert 1994) Daher steht im *Phaidon* erneut nicht Platons, sondern die platonistische Überzeugung, speziell in pythagoreischer Zuspitzung, zur Diskussion, wenn verlangt wird, die Seele solle danach streben, sich vom Leib zu trennen, um im Jenseits ein ewiges Leben führen zu können.

Insgesamt werden im *Phaidon* vier Unsterblichkeitsbeweise geprüft. (Phaed. 70 d – 107 a) Der erste Beweis vom Kreislauf des Werdens und Vergehens beruht weitgehend auf unbewiesenen naturphilosophischen Spekulationen und ist philosophisch kaum ergiebig. Der zweite Beweis vom Lernen als Wiedererinnerung und ebenso der dritte von der Verwandtschaft der Seele mit den ewigen Ideen setzen die von Platon ausdrücklich kritisierte Existenz einer abgetrennten ewigen Ideenwelt voraus, an der die Seele teilhat; sie können daher nicht als Platons philosophische Überzeugung gelten. Auch der zentrale vierte Beweis (Phaed. 103 a – 107 a) geht von der fraglichen Annahme einer platonistischen Zwei-Welten-Lehre aus, ist aber wegen seines begrifflich und argumentativ nachvollziehbaren Aufbaus am ehesten einer genauen Prüfung zugänglich und philosophisch interessant. Zusammengefasst lautet der vierte Unsterblichkeitsbeweis folgendermaßen:

1) Die Zahl »drei« ist nie »gerade«, sondern immer »ungerade«, da sich beides widerspricht und »drei« nicht beides zugleich sein kann.

2) Genauso kommt der »Seele« nie »Tod« zu, sondern immer »Leben«, da sich ebenfalls beides widerspricht und die »Seele« nicht beides zugleich sein kann.

3) Daraus folgt, dass die Seele nie stirbt und somit unsterblich ist.

Dieser Beweis ist nicht nur aus heutiger Sicht, sondern auch von Platons eigenem Denken her unhaltbar und wird von ihm nur hypothetisch vertreten:

Zu 1) Die Prämisse stimmt. Beim Zahlenbeispiel handelt es sich um einen unzweifelhaft wahren Satz, egal ob man wie Platon Zahlen als ewige, unveränderliche »Gestalten« versteht oder, wie wir in der Regel heute, als festgelegte Definitionen und Ableitungen innerhalb des Dezimalsystems. Eine ganze Zahl ist »gerade«, wenn sie ohne Rest durch zwei teilbar ist, sie ist »ungerade«, wenn sie nicht ohne Rest durch zwei teilbar ist. Da »drei« nicht ohne Rest durch zwei geteilt werden kann, ist »drei« nicht gerade, sondern ungerade und kann außerdem nach dem Prinzip vom verbotenen Widerspruch nicht beides zugleich sein.

Zu 2) Dagegen ist der Mittel-Satz falsch. Die Übertragung des Zahlenbeispiels auf den Satz »Der Seele kommt immer Leben zu« ist unzulässig, weil »Seele« nicht in derselben Weise immer mit »Leben« verbunden ist wie »drei« mit »ungerade«. Aus der Sicht Homers beispielsweise (die Seele ist ein bloßer »Hauch«) ist dies nicht der Fall, aus pythagoreischer Sicht dagegen ist dies der Fall (getrennt vom Leib führt die Seele das wahre Leben des Geistes). Was die Seele ist, insbesondere ob sie unsterblich ist, ist im *Phaidon* gerade die Frage und kann nicht als unstrittig vorausgesetzt werden. Der Satz ist zirkulär, weil er bereits das behauptet, was es erst zu beweisen gilt. Während das mathematische Beispiel exakte Begriffe und deduktive Ableitungen enthält, sind die Begriffe »Seele«, »Leben« und »Unsterblichkeit« sowie ihre Verbindung miteinander gerade strittig. Mathematische und philosophische Behauptungen lassen sich nicht auf dieselbe Weise begründen.

Zu 3) Da die Behauptung »Der Seele kommt immer Leben zu« in dieser Form falsch ist, ist auch die Schlussfolgerung falsch, dass sie nie stirbt oder unsterblich ist.

Auch wenn der Beweis in der von Sokrates vorgebrachten Form nicht haltbar ist, kann er dennoch gelingen, wenn man den Mittel-Satz »Der Seele kommt immer Leben zu« auf andere Weise begründet. Dies kann auf zweierlei Weise geschehen. Entweder geht man noch vor jeder Erfahrung (a priori) von einer Wesensbestimmung aus, nach der die Seele »immer« mit der Eigenschaft »Leben« verbunden ist. Oder man bringt nachträglich (a posteriori) Erfahrungsgründe für diesen Satz vor. Eine a priori wahre Wesensbestimmung der Seele mithilfe einer direkten Ideenschau findet man weder im *Phaidon* noch sonst bei Platon, wohl aber Erfahrungsgründe, die dafür sprechen, der Seele ein ewiges Leben zuzuschreiben. Für den platonischen Sokrates ist offensichtlich die Erfahrung, dass wir uns an Vernunftgründen orientieren können, eine Begründung dafür, dass wir uns, in der Sprache des Höhlengleichnisses ausgedrückt, aus den »Fesseln« bloßer Meinungen und zügelloser Begierden befreien können. Erst wenn wir auf diese Weise »sterben«, führen wir ein wahres, philosophisches Leben. Dies bedeutet aber keine strikte Trennung von Leib und Seele, wie die Pythagoreer behaupten. Vielmehr versteht sich Sokrates als Mensch, »der jetzt mit euch redet« (Phaed. 115 c). Sokrates ist als Mensch fähig, ein philosophisches Gespräch im Durchgang durch die Phänomene und in argumentativer Prüfung zu führen, um so schließlich auf Einsichten in die Struktur der Wirklichkeit zu stoßen. Beim Erkennen befindet sich der Mensch in keiner jenseitigen Ideenwelt, sondern bleibt in der Sinnenwelt oder der »Höhle« leben, wenn auch in einer anderen Weise als vorher. Zumindest annäherungsweise ein Leben des Geistes führen zu können, bedeutet für Sokrates auch im Angesicht seines physischen Todes eine lustvolle Tätigkeit, die er beispielsweise auch an Kebes lobt: »Immer spürt doch Kebes irgendwelche Gründe auf und will sich gar nicht leicht überreden lassen von dem, was einer behauptet.« (Phaed. 62 e–f) Eine prüfende, philosophische Lebensweise stellt sich Sokrates auch zum Abschluss seiner Verteidigung in der *Apologie* als Fortsetzung im Jenseits vor. Entweder sei der Tod ein traumloser, angenehmer Schlaf oder ein Übergang ins Jenseits. Die erste Alternative führt zu keinen weiteren Überlegungen. Nach der zweiten Alternative aber verspricht sich Sokrates sein diesseitiges philosophisches Leben fortzusetzen, indem er etwa die Helden Homers »ausfragt und ausforscht, wer unter ihnen weise ist und wer es zwar glaubt, es aber nicht ist« (Apol. 41 b). Insofern das Leben des Menschen ein Leben des Geistes ist, kann sich Sokrates offensichtlich schwer vorstellen, dass dieses Leben einmal enden könnte. Daher ist die Seele für ihn immer mit der Vorstellung des geistigen Lebens verbunden. Wenn man den Mittel-Satz aber in der dargelegten Weise als wahr akzeptiert, ist der vierte Beweis, dass die Seele unsterblich ist, tatsächlich als »begründete Rede« haltbar, wenn auch nicht als absolut wahre Behauptung.

Ohnehin ist zweifelhaft, dass es Platons Sokrates primär auf eine theoretische Stringenz des vierten Beweises ankommt. Eher geht es ihm, wie in der Lehre von der Wiedererinnerung im *Menon*, vor allem um die praktische Konsequenz für das gute Leben im Diesseits. Wenn wir annehmen können, dass die Seele im Jenseits weiterlebt und die Glückseligkeit des Philosophierens genießen kann, hat dies für die diesseitige Lebensführung eine zusätzlich motivierende Bedeutung. Platons Sokrates schließt daher seine »schöne Erzählung« (mythos kalos, Phaed. 110 b) über das Jenseits mit der Bemerkung ab, dass es sich jedenfalls um »ein schönes Wagnis« (kalos kindynos, Phaed. 114 d) handele, ihr zu folgen. Worauf es Platon ankommt, sind die Konsequenzen seiner Überlegungen zur Fortexistenz der Seele für das praktische Leben im Diesseits. Daher findet man bei ihm, im Unterschied zur aristotelischen Schrift *Über die Seele*, keine Spekulationen darüber, ob auch der individuellen, an den Leib gebundenen Seele oder nur der allgemeinen Vernunftseele ein ewiges Leben zukommt.

Dass der *Phaidon* kein Traktat über die Unsterblichkeit der Seele, sondern ein Bericht vom Leben und Sterben der Person des Sokrates und seinen begründeten Jenseitshoffnungen ist, macht auch das Dialogende deutlich. Der Leser erfährt, wie sich Sokrates von seiner Familie und seinen Freunden verabschiedet, den Schierlingsbecher trinkt und gelassen stirbt. Für Sokrates selbst bedeutet der Abschied von seiner irdischen Existenz keinen Schrecken, und sein Tod dürfte, wie er ironisch andeutet, auch für seine pythagoreischen Freunde nichts Schreckliches sein, wenn sie wirklich von ihrem Jenseitsmythos überzeugt sind. Sokrates hat ein gutes, sinnvolles Leben geführt und kann in der Hoffnung, dass er mit seinem philosophischen, tugendhaften Leben über seinen irdischen Tod hinaus als Vorbild fortexistiert, in Ruhe sterben. Unabhängig von seiner individuellen Fortexistenz kann er auch sicher sein, dass seine Freunde und Anhänger sein Philosophieren weiterführen werden, solange es Menschen gibt. Somit hat der einzelne, sterbliche Mensch teil am unsterblichen philosophischen Dialog der Menschheit und an ihrem Streben nach allgemeingültiger Wahrheit: »Kümmert euch weniger um Sokrates, sondern vor allem um die Wahrheit.« (Phaed. 91 c) Liest man somit den *Phaidon* nicht als Dialog über rein rationalistische Unsterblichkeitsbeweise, sondern als Schilderung, wie Platons Lehrer Sokrates aus seinen philosophischen Überzeugungen heraus gelebt hat und gestorben ist, kann der Dialog in der Tat als eindrucksvolles Beispiel der Weltliteratur gelten, das Philosophie und Dichtung meisterhaft miteinander verbindet.

Wie der *Phaidon* ist auch der Dialog *Timaios* keine rein rationalistische Philosophie, sondern enthält einen Mythos in Form einer »begründeten Rede« über die Welt als göttlichen Kosmos und den Sinn des Weltganzen. Der Dialog gehört zu den wirkungsmächtigsten Werken Platons und war bis zur Gründung der platonischen Akademie von Florenz (1459) nahezu sein einziges bekanntes Werk. Der Grund hierfür liegt darin, dass der *Timaios* wie kein anderer Dialog Platons dazu geeignet ist, in einen christlichen Platonismus transformiert zu werden. Dessen Kernpunkte sind die Zwei-Welten-Lehre von Diesseits und Jenseits, der Leib-Seele-Dualismus, das absolute Wissen Privilegierter sowie der Demiurg als Weltbaumeister, wenn auch nicht als Weltschöpfer im Sinne der christlichen »Schöpfung aus dem Nichts« (creatio ex nihilo). Insgesamt liefert die Schrift die kosmologisch fundierte Legitimation der Philosophenherrschaft des *Staats*. (Vgl. Schäfer 2005) Die innere Harmonie oder Ordnung der Seelenteile des Einzelnen unter der Leitung der Vernunft, so hat Platon im *Staat* dargelegt, soll auch für die Harmonie der Stände des Staates unter der Leitung des Philosophenherrschers gelten. Im *Timaios* schreibt Platon die Analogie zwischen Seele und Staat als Analogie zwischen Mikrokosmos und Makrokosmos fort. Das sichtbare Universum ist deshalb ein »schöner Kosmos«, wörtlich verstanden im Sinne von »Schmuck, Ordnung«, weil der Demiurg als Weltbaumeister die vorfindbare Unordnung der Materie und des Chaos im Blick auf den ewigen Ideenhimmel geordnet und die Weltseele als das bewegende Prinzip des Weltganzen geschaffen hat. Der Ordnung und Schönheit des Kosmos muss sich der Einzelne beziehungsweise die Polis unter Führung des Philosophenherrschers und seiner Gesetze »angleichen«. Damit leitet Platon Konsequenzen für das praktische Handeln aus dem Zustand der Natur des Weltganzen ab, ohne allerdings einen naturalistischen Fehlschluss zu begehen. Er leitet ein Sollen nicht aus einem Sein ab, weil er »Natur« von vornherein nicht mechanistisch, deskriptiv, sondern teleologisch, normativ versteht. Damit übernimmt er im Prinzip Homers Mythos von der Grundstruktur der Welt, wie sie in der Beschreibung des Schilds von Achilleus enthalten ist. (Ilias XVIII, 481–608) Auf dem Schild, dem Werk des göttlichen Handwerkers Hephaistos, wird die Welt als wohlgeordneter Kosmos dargestellt, in dem die göttlichen Gestirne, die Menschen, Tiere, Pflanzen und Steine ihren angemessenen Ort haben. In der Schildbeschreibung kann man Prinzipien finden, die auch Platons Kosmologie im *Timaios* leiten, etwa Dichotomie, Kreis, Grenze, Anfang und Ende sowie den göttlichen Handwerker (Demiurg) als Wirkursache.

Mit der neueren Naturphilosophie eines Anaxagoras und auch Demokrit jedoch und mit Sophisten wie Protagoras begann das homerische Grundmuster seine theoretische Basis und handlungsorientierende Kraft zu verlieren. Platon fragt aber gegen die Kritiker zurück, was Physis oder Natur eigentlich ist, ob ein wohlgeordneter, vernünftiger Kosmos nach Art des Mythos oder ein Bereich blinder Kräfte und Bewegungen nach Art des neu aufkommenden naturwissenschaftlichen Denkens. (Meyer-Abich 1997, 226) Beide Male wird die Natur als Norm für unser Denken und Handeln verstanden, inhaltlich aber in entgegengesetzter Weise gedeutet. Platons Verteidigung des teleologischen Physisbegriffs ist kein Rückfall hinter die Kritik des Xenophanes an der Vorstellung von Gestirnen als Göttern und von gottgegebenen Handlungsnormen. Vielmehr kritisiert Platon einen reduktionistischen Physisbegriff und den daraus folgenden falschen Begriff vom guten Leben, wie ihn etwa die Sophisten Kallikles oder Protagoras entwickelt haben. Zwar bestehen die Gestirne tatsächlich aus Steinen oder Metall, wie Anaxagoras hat beobachten können, und können nicht mehr im mythologischen Sinne als Götter bezeichnet werden. Im *Timaios* aber versucht Platon den Nachweis zu bringen, dass die göttliche Vernunft die Physis des Ganzen auf das Beste ordnet und auch die menschliche Natur lenkt.

Die Erzeugung des Kosmos durch den Demiurgen besteht darin, dass die »ordnungslose Bewegung« in »Ordnung« (taxis) überführt wird. (Tim. 30 a) In Platons Schilderung der Formung des Weltkörpers und der Weltseele (Tim. 31 b – 37 c) mischen sich Phänomenbeobachtungen und exakte mathematische Überlegungen nach Art der Pythagoreer in einer spekulativen Weise miteinander. Als Grundbestandteile des Weltkörpers nimmt Timaios wegen seiner Sichtbarkeit Feuer an, wegen seiner Tastbarkeit Erde und als Elemente, die beides miteinander verbinden, Wasser und Luft. Nach der von Konrad Gaiser rekonstruierten »ungeschriebenen Lehre« Platons (Gaiser 1963, 107–110) sind die vier Urelemente der

Zahl, der Linie, der Fläche und dem Körper zuzuordnen und drücken eine mathematische Abfolge der Dimensionen aus, ausgehend von der Zahl als Bereich der Einheit oder der Idee bis hin zum Körper als Bereich der Vielheit. Auch für die Bildung der Weltseele lassen sich nach Platon allgemeine Strukturgesetze erkennen: das Selbe als Ausdruck der gleich bleibenden Bewegung der Vernunft, das Verschiedene als Ausdruck der ungeordneten Bewegung der Körper und das Sein als Mischung aus beidem. Die Kreisbahnen der Planeten wiederum sind das Abbild der ewigen, in sich kreisenden Bewegung der einen, göttlichen Vernunft als Ordnungsprinzip des Ganzen.

Was allerdings im *Timaios* noch fehlt, ist der Nachweis, dass der Kosmos von der Idee des Guten bestimmt ist, die nach Platon mit der Idee Gottes gleichzusetzen ist. Diesen Nachweis versucht Platon in den *Gesetzen* zu bringen, die er als sein letztes Werk im Alter von achtzig Jahren geschrieben hat. Um zu zeigen, dass Gott oder die göttliche Vernunftseele den Kosmos lenkt, entwickelt er den kinetischen Gottesbeweis vom ersten unbewegten Beweger, den Aristoteles im XII. Buch der *Metaphysik* weiterentwickelt. Platon unterscheidet zwei Arten von Bewegungen: die Bewegung durch anderes und die Bewegung durch sich selbst. Die Selbstbewegung wird als vollkommene Bewegung oder als göttliche Erstursache von allem verstanden, da sie sich und alles andere verursacht, selbst aber keine Ursache hat. Damit ist der Primat des unbewegten Bewegers jedenfalls begrifflich festgelegt. Mit dem bloßen Begriff von Gott aber ist, wie Kant später kritisiert (KrV A 592 / B 620), nicht bereits seine Existenz bewiesen. Hinzukommen muss vielmehr nach Kant die Erfahrung seiner wirklichen Existenz. Diese Kritik trifft allerdings Platon nur bedingt. Auch Platon nämlich beschränkt sich nicht auf einen rein begrifflichen Beweis, sondern bezieht zusätzlich sinnliche Erfahrungen mit der Selbstbewegung in der Natur mit ein. Als Beispiele dafür, dass alle Naturbewegungen mit Selbstbewegung verbunden sind, nennt

Platon alltägliche Naturphänomene wie das Wachsen der Pflanzen (das »Erdige«), das Aufkommen von Dunst und Nebel (das »Wässrige«) und das Flackern des Feuers (das »Feurige«). (Tim. 895 c) Die Natur der Körperwelt, so schließt Platon aus seinen Beispielen, lebt und bewegt sich selbst, ohne mechanischen Druck und Gegendruck. Es gibt also tatsächlich die Selbstbewegung als erste Ursache von allem und der Begriff der Selbstbewegung ist kein leerer Begriff. Allerdings ist Platons induktiver Schluss von einigen Fällen auf eine All-Aussage nicht zwingend. Man kann zwar einige oder etliche Fälle von Selbstbewegung in der Natur beobachten, daraus folgt aber nicht, dass alles in der Natur von einer einzigen Selbstbewegung verursacht ist. Dies scheint auch Platon klar gewesen zu sein, wenn er seinen Gottesbeweis als »begründete Rede« bezeichnet (Tim. 292 d 2), nicht aber als zwingenden Beweis. Aus seinem Naturbegriff leitet Platon auch seine Kritik am Homo-mensura-Satz des Protagoras ab, dass nicht der Mensch, sondern Gott das Maß aller Dinge sei. (Leg. IV 716 c) Genauso nämlich wie in der Natur des Ganzen soll auch in der menschlichen Natur nicht Unordnung, sondern Ordnung herrschen, nicht das egozentrische Mehr-haben-Wollen (Gorg. 493 d), sondern harmonische Abstimmung der drei Seelenteile und der ihnen entsprechenden Stände in der Polis.

Die Frage nach dem Menschen –
Leib und Seele

Platons vierte Leitfrage, wer wir als Menschen sind, ist gleichbedeutend mit der sokratischen Forderung nach Selbsterkenntnis. In ihr kommen, wie bei Kant, die drei anderen Leitfragen zusammen: was wir *als Menschen* tun sollen, was wir erkennen können und was wir hoffen dürfen. Die anthropologische Frage hat somit zugleich eine ethische, eine erkenntnistheoretische und eine metaphysische Bedeutung. Seine Antwort entwickelt Platon wiederum hauptsächlich in Auseinandersetzung mit Homer und der Sophistik. Bei Homer spielt die Seele des Menschen kaum eine Rolle. In ihrer ursprünglichen Bedeutung ist »psyche« lediglich der materiell verstandene »Hauch« oder »Atem«, der den Menschen am Leben erhält und ihn, wie es ähnlich auch im Deutschen heißt, »beseelt«. Sie ist kein eigenständiges Zentrum des Handelns, Denkens und Hoffens: »was später als ›Innenleben‹ interpretiert wird, stellte sich ursprünglich als Eingriff der Gottheit dar« (Snell 1955, 52). Der trojanische Held Hektor beispielsweise ist nicht selbst tapfer, vielmehr kämpft der Kriegsgott Ares an seiner Stelle und ist bisweilen wie eine zweite Person an seiner Seite zu sehen:

»Ares aber schwang in den Händen die riesige Lanze
Und ging bald dem Hektor voraus, bald hinter dem Helden.
Schaudernd erblickte ihn da der Rufer im Streit Diomedes
[…] und sagte zum Kriegsvolk:
›Oh, ihr Freunde, was staunten wir denn, daß der göttliche
Hektor
Doch so ein Lanzenkämpfer ist und mutiger Krieger?
Steht ihm doch immer ein Gott zur Seite und wehrt dem
Verderben;

Jetzt auch ist Ares bei ihm und gleicht einem sterblichen
                                                    Manne.‹
Darum weicht, gegen die Troer gewendet, immer zurück
                                                    jetzt;
Wir begehren ja nicht, mit Kraft gegen Götter zu kämpfen.«
            (Ilias V, 594–606, Übers. Hampe 1979, 100)

Im Prozess der Selbsterkenntnis und Selbstorientierung versucht Platon sowohl die Übermacht der Götter Homers als
auch die sophistische Eigenmächtigkeit des Menschen zu
überwinden. Dies bedeutet für ihn, die göttliche Ideenwelt
und die menschliche Sinnenwelt miteinander zu verbinden
und die im *Phaidon* von den Pythagoreern behauptete »Trennung« (chorismos) von Leib und Seele (Phaed. 64 c, 67 a–d)
zu überwinden. Wie die Ideen ist auch die Seele als Träger
der Ideen kein Ding und keine eigene Substanz, sondern ein
Bündel oder Zentrum unterschiedlicher mentaler Akte. Die
mentale Wirklichkeit der Seele besteht in ihrer Fähigkeit,
etwas wahrzunehmen und zu erkennen: »Nicht wahr, sofort
von Geburt an können Menschen und Tiere von Natur aus
wahrnehmen, was an Eindrücken vermittels des Körpers zu
ihrer Seele gelangt? Hierüber aber Schlüsse zu ziehen hin-
sichtlich ihres Seins und Nutzens, ist nur mit Mühe und im
Laufe der Zeit bei vielen Übungen und durch Bildung de-
nen gegeben, denen es überhaupt gegeben ist? – Allerdings.«
(Theaet. 1866 f.) In den mentalen Akten zeigt sich, wie die
Bemerkung des platonischen Sokrates zu verstehen ist, die
Existenzweise der Seele als gelebte Einheit mit dem Leib.
Denselben Grundgedanken einer Einheit von Leib und
Seele enthält auch das Bild vom Wagengespann der Seele,
das zugleich ein Bild für den Menschen insgesamt darstellt.
Das Bild zeigt, wie die »Vernunft« mithilfe der »mutigen«
Pferde die »wilden« Pferde zügelt und den gesamten See-
lenwagen zur Welt der Ideen hinlenkt. (Phaed. 246 a – 247 e)
Mit seinem Bild vom Menschen als Einheit von Leib und
Seele gibt Platon eine Antwort auf die zuvor von Sokrates

gestellte Frage: »Ich kann noch immer nicht nach dem delphischen Spruch mich selbst erkennen, [...] ob ich etwa ein
Ungeheuer bin, noch verschlungener gebildet und ungetümer
als Typhon, oder ein milderes und einfacheres Wesen, das
sich eines göttlichen und edlen Teiles von Natur erfreut.«
(Phaed. 229 e–f)

Gemäß der Leib-Seele-Einheit entwickelt Platon im *Philebos*
eine »gemischte« Lebensform (Phlb. 22 a), die weder aus ro-
her Lust noch aus reiner Vernünftigkeit besteht. Den Aus-
gangspunkt des Dialogs bildet die Frage, ob »Lust oder Einsicht das Gute sei, oder ob etwas anderes Drittes« (Phlb. 14 b).
Die Antwort fällt für Platon eindeutig aus: Wer ein rein lust-
orientiertes Leben ohne geistige Tätigkeiten lebt, ohne sich
zu erinnern, ohne zu urteilen und ohne etwas vorauszuse-
hen, kann sich nicht an vergangene lustvolle Erlebnisse erinnern, kann nicht gegenwärtige Freuden beurteilen und nicht
zukünftige Freuden voraussehen. Ohne derartige geistige Tätigkeiten kann man nicht einmal sinnlich leben, sondern lebt
das dumpfe Leben »irgendeines Polypen oder Schalentiers«
(Phlb. 21 c). Wer zudem sein Sinnenleben auf bloße sexuelle
Lustbefriedigung beschränkt, ähnelt jemandem, der einen
Juckreiz durch Reiben beseitigt. (Phlb. 46 a) Andererseits, so
ist sich Sokrates ebenfalls sicher, möchte niemand nach der
entgegengesetzten Lebensform leben, bei der »er zwar alle
Einsicht und Vernunft und Wissenschaft und Erinnerung
von allem hätte, Lust aber weder viel noch wenig genösse«
(Phlb. 21 d–e). Ausgenommen von der »gemischten Lebensform« ist nach Platon der Grenz- und Sonderfall der höchsten
kontemplativen oder mystischen Erkenntnis als reine Lust der
Ideenschau. (Phlb. 58 d) Insgesamt bleibt als lebenswerte Lebensform allein die Mischung aus Lust und Vernunft übrig,
wobei allerdings das Primat dem vernünftigen Anteil zukommt.

In der gelebten Einheit von Leib und Seele vollendet sich der
Mensch nach Platons *Symposion* als erotisches Lebewesen.
Die Bezeichnung »platonische Liebe« für die rein geistige

Liebe dagegen beruht auf einem Missverständnis im Sinne der Zwei-Welten-Lehre. Allerdings ist das Missverständnis zunächst durchaus naheliegend. Nach verschiedenen Reden und Lobpreisungen des Eros auf dem Trinkgelage zu Ehren des Agathon, der als Sieger aus einem Wettbewerb hervorgegangen war, berichtet Sokrates von seinem Zusammentreffen mit der Priesterin Diotima, einer Kunstfigur Platons. Die wahre oder wirkliche Liebe, so belehrt die Priesterin den noch jungen Sokrates, besteht nicht in der Liebe zum schönen Körper oder guten Charakter, sondern in der »Schau des göttlich Schönen«, das »rein, lauter und unvermischt« und »nicht voll des menschlichen Fleisches« ist. (Symp. 211 e) Die wirkliche Liebe ist das Streben, die reinen Ideen zu schauen, gipfelnd in der höchsten Idee des Guten oder Gottes. Die körperliche Liebe zu einer Person oder die Liebe zu den Sinnendingen soll letztlich in die geistige »Liebe zur Weisheit« münden. Wahre Liebe scheint demnach zu bedeuten, an der konkreten, sinnlichen Person vorbei die eine abstrakte, geistige Idee göttlicher Wahrheit im Menschen als einem reinen Geistwesen zu begehren. Zuerst lieben wir den einen schönen Körper, dann die vielen schönen Körper und steigen über die Liebe zur Schönheit der Seelen oder des Charakters und über die Liebe zu den schönen Erkenntnissen schließlich zur intuitiven Einsicht des Schönen selbst auf. (Symp. 210 a – 212 a)

Der von Diotima geschilderte Stufenweg scheinbar getrennter Schritte von der körperlichen über die charakterliche und intellektuelle zur rein geistigen Liebe ist allerdings lediglich von der Adressierung an den jungen, noch naiven Sokrates her zu verstehen, der wie im *Parmenides* eine getrennte Sinnen- und Ideenwelt annimmt. Versteht man dagegen den Stufenweg aus Sicht der platonischen Ideenlehre, weist Diotima darauf hin, dass das, was man nicht nur an einem, sondern an allen schönen Körpern, an jedem Charakter und an jeder Erkenntnis »schön« nennt, jeweils »dasselbe« Schöne ist, wie ähnlich auch die vielen sinnlichen Kreise *als* der eine ideale Kreis zu verstehen sind. Insofern geht es im *Symposion* nicht darum, sich zwischen einer Liebe zum schönen Körper und einer zur Idee des Schönen zu entscheiden. Vielmehr kommt es darauf an einzusehen, was es ist, was wir in den verschiedenen Formen von Liebe jeweils begehren und was wirklich schön ist oder, wie man auch sagen kann, was die Idee der Liebe als »schöne« Einheit von Leib, Geist und Seele ist. Für Platon und das klassische griechische Denken insgesamt besteht »das Schöne« in einer Symmetrie oder Ausgewogenheit von Eigenschaften, auch im Ausgleich von Extremen. Diese Symmetrie ist eine Idealvorstellung, die dem Göttlichen gleicht, auf das sich letztlich die Philosophie als Liebe zur Weisheit richtet: als Kosmos beziehungsweise »Schmuck« oder »Ordnung« der Welt insgesamt (Tim. 28 c – 31 b), als Vortrefflichkeit (arete) eines Dinges, beispielsweise des »Zaumzeugs« (Rep. X 601 c), als Ordnung der Seelenteile (Gorg. 506 c-e) oder der Stände eines Staates (Rep. IV). Diese göttliche Schönheit mit dem geistigen Auge zu schauen, bedeutet nach Platon höchste Lust der kontemplativen Liebe der reinen Wahrheit. Dies darf aber nicht zu dem Missverständnis führen, die »platonische Liebe« bestünde lediglich in einer kontemplativen Liebe. Sie ist nach Platon vielmehr der kaum erreichbare Ausnahmefall für den Menschen

Das Wahrheitsstreben ist Platon zufolge nicht nur Ausdruck höchster menschlicher Erfüllung oder Mittel praktischer Orientierung, sondern zugleich Erfahrung menschlicher Freiheit. In ständiger Auseinandersetzung mit dem Göttermythos Homers und dem Allmachtsanspruch der Sophisten versucht Platon zu zeigen, dass wir weder der absoluten Autorität der Götter noch der willkürlichen Autorität der Menschen unterworfen sind. Vielmehr muss und kann sich jeder im Erkennen und Handeln an der Wahrheit oder Wirklichkeit orientieren. In der Orientierung an der Wahrheit werden wir frei, da sie uns, wie das Höhlengleichnis zeigt, aus unseren Denkfesseln befreit und die Willkür des sozialen und politischen Handelns einschränkt. Wahrheitserkenntnis als Freiheit ist bei Platon ein durchgehendes Motiv und findet sich bereits im Frühdialog *Lysis*.

Thema dieses Dialogs ist die Freundschaft oder Liebe, griechisch »philia«. Geprüft wird die Behauptung des etwa vierzehnjährigen Lysis, dass man denjenigen, den man liebe, tun lasse, was er will. Sein Vater aber, so versucht der platonische Sokrates daraufhin Lysis zu provozieren, verbiete ihm, dem Sohn eines freien Athener Bürgers, bestimmte Dinge zu tun, etwa ein Wagengespann zu lenken, die andere, selbst der Knecht oder Sklave des Vaters, tun dürfen. Auch die Mutter verbiete ihm, dem Jungen, was sie sogar einem Mädchen erlaube, nämlich am Webstuhl zu weben. Auch müsse er als Sohn eines freien Atheners ausgerechnet einem Sklaven als »Knabenführer« (paidagogos) gehorchen. Dies geht so weit, dass der Sklave, betrunken wie er ist und nur »sehr schlecht Hellenisch sprechend«, Lysis wie ein kleines Kind nach Hause bringt. (Lys. 223 a–b) Andererseits erlaubten die Eltern Lysis durchaus, Dinge zu tun, die sie selbst nicht tun, weil sie davon nichts verstehen, etwa Lesen und Lyraspielen.

In den Beispielen werden die traditionellen Herrschaftsverhältnisse von Eltern und Kindern, Vater und Sohn, Jungen und Mädchen, Freien und Sklaven durch die Herrschaft des Wissens prinzipiell außer Kraft gesetzt. Selbst ein Freier muss gehorchen, sogar ein Sklave darf herrschen, ein Junge darf nicht tun, was einem Mädchen erlaubt ist, sofern es dabei auf Wissen ankommt. Die oberste Autorität für unser Leben ist das Wissen, nicht die soziale Stellung oder konventionelle Rolle. Was innerhalb der Familie und des Hauswesens gilt, lässt sich auf das Verhältnis von Nachbarn, von Polisbürgern und von Staaten ausdehnen, sogar auf das Verhältnis von Griechen und »Barbaren«. Selbst der Sohn des persischen Großkönigs nämlich muss gegenüber einem gewöhnlichen griechischen Jungen zurückstehen, wenn es um Sachwissen geht, etwa beim Kochen oder Heilen eines Auges. Seine Überlegungen fasst der platonische Sokrates schließlich zusammen: »Es verhält sich also folgendermaßen, Lysis.

Worin wir sachkundig geworden sind, wird uns jeder schalten und walten lassen, Hellenen und Barbaren, Männer und Frauen. Wir werden dabei tun, was wir wollen, und niemand wird uns absichtlich daran hindern. Wir werden darin ganz frei (eleutheroi) sein und niemand wird uns daran hindern.« (Lys. 210 a–b)

Woran Sokrates mit seinen Beispielen erinnert, ist das von jedem in seinem praktischen Verhalten anerkannte, wiewohl nicht von jedem erkannte Prinzip der Orientierung durch Wissen, wenn wir jedenfalls erfolgreich handeln und leben wollen. Wie in den anderen Dialogen Platons bringt Sokrates seinen Gesprächspartnern zu Bewusstsein, was sie in ihrem praktischen Verhalten wie selbstverständlich voraussetzen, ohne es zu wissen und ohne es als Voraussetzung geprüft zu haben: die generelle Wissensorientierung. Nicht aber *dass* wir uns durch Wissen orientieren, sondern was es praktisch bedeutet, dass wir dies tun, und was Wissen und Erkennen ist, gilt es nach Sokrates zu klären. Natürlich haben auch die Menschen in der Zeit vor Sokrates nicht einfach blind gehandelt, vielmehr haben sie versucht, sich durch Wissen oder Überlegungen zu orientieren, ohne allerdings zu wissen, was Wissen ist und was dies für ihr Selbstverständnis bedeutet. Auch Homer ist sich bewusst, dass die nicht akzeptable Alternative zur Wissensorientierung darin besteht, willkürlich miteinander zu leben. So berichtet Odysseus, wie er mit seinen Gefährten auf ihrer Heimkehr von Troja zu dem wilden Volk der Kyklopen verschlagen wurde:

Und zu der übergewaltigen, satzungslosen Kyklopen
Land gelangten wir [...].
Und die haben nicht Ratsversammlungen und nicht Gesetze,
Sondern sie wohnen auf Gipfeln der hohen Berge in hohlen
Grotten; für seine Kinder und seine Frauen setzt jeder
Eigene Ordnungen fest, und sie kümmern sich nicht
umeinander.«

(Odyssee IX, 106–115; Übers. Hampe 1979, 137)

Das Beispiel der Kyklopen Homers zeigt die Wissensorientierung im Sinne von Regelwissen. Während sich aber nach Homers Mythos das menschliche Wissen an den Satzungen der Götter zu orientieren hat, ist nach Heraklit (etwa 544–483 v. Chr.) das Wissen oder die Vernunft (logos) »allen gemeinsam« (Diels/Kranz 1966, I 22, Fragm. 113), eine Vorstellung, die vermittelt über die Stoa und Kant dem heutigen Verständnis von universellen Menschenrechten, aber auch von allgemeingültiger Wissenschaft und logischem Denken zugrunde liegt.

Platons Sokrates macht im Dialog *Lysis*, wie gezeigt wurde, darauf aufmerksam, dass der Wert der Orientierung durch die gemeinsame Vernunft darin besteht, dass man ein Leben in Freiheit statt in Willkür führen kann. Wer wirklich etwas weiß, braucht sich in dem entsprechenden Bereich nichts von anderen befehlen zu lassen. Wissen und Denken befreit den Menschen aus beengenden Rollen und Unterordnung, weil alle Menschen vor der Vernunft gleich sind. Dagegen ist der scheinbar freie Tyrann in Wirklichkeit der unfreieste aller Menschen, da er seinen Begierden unterworfen ist, die ihn daran hindern, das zu tun, was er wirklich will. (Rep. IX 577 c – 579 c) Wissen macht frei *von* Zwängen und frei *für* ein wirklich tugendhaftes oder gutes Leben. Der Einzelne, so hält Platon Protagoras entgegen, kann sich nicht an die Stelle Gottes setzen, indem er sich in seinem Handeln und in der Bestimmung von Wirklichkeit zum Maß aller Dinge erklärt und Freiheit mit Willkür verwechselt. Menschliche Freiheit besteht nach Platon vielmehr darin, sich auf die Struktur der Wirklichkeit einzulassen und sich nicht blinden Interessen oder unsachgemäßen Meinungen zu unterwerfen. Platon hat sich vor allem mit der Denkfreiheit beschäftigt. Weniger dagegen findet man bei ihm Überlegungen, wie sich Denkfreiheit sozial und politisch als Handlungsfreiheit realisieren lässt. Zwar thematisiert er im *Staat* diese Frage, zielt dabei aber nicht auf die individuelle, sondern auf die kollektive Handlungsfreiheit. Nach Platons Auffassung weiß allein der Philosophenherrscher, worin die wirkliche Freiheit des Einzelnen besteht – in der Unterordnung unter seine gute Herrschaft. Den weiteren Schritt zu einem moralischen Begriff der selbstverantwortlichen Willensfreiheit findet man bei Platon dagegen noch nicht. (Frede 2007, 26) Insgesamt allerdings hat Platon mit seiner Anthropologie das humanistische, vom Christentum religiös fundierte Menschenbild begründet, das bis heute zumindest dem europäischen Alltagsverständnis in der individuellen, sozialen und rechtlichen Praxis zugrunde liegt. Danach ist der Mensch in seinem Willen und Handeln frei und somit selbstverantwortlich, insofern er fähig ist, sich an vernünftigen Gründen zu orientieren.

Eine kritische Bilanz – mit Platon anfangen zu philosophieren

In einer knappen kritischen Bilanz soll versucht werden, Platons Antworten auf die vier Leitfragen in ihren Stärken und Schwächen zu prüfen, um seine Bedeutung für das heutige Philosophieren angemessen einschätzen zu können. Dabei können weder die Fülle seiner Überlegungen noch die lange Wirkungsgeschichte des Platonismus rekapituliert und angemessen gewürdigt werden. Platons Antwort auf die erste Leitfrage, was ein gutes oder tugendhaftes Lebens ist, besteht darin, an die Erfahrung zu erinnern, dass Unordnung und Maßlosigkeit für die Einzelseele und die Polis schädlich, die Ordnung und Harmonie widerstrebender Kräfte unter Leitung der Vernunft dagegen heilsam ist und uns wirklich lebenstauglich macht. Seine Vorstellung von Tugend als Harmonie oder »Gesundheit der Seele« (so-phrosyne, Charm. 157 a) bezeichnet Dieter Birnbacher als »›hygienisches‹ Modell der Moral« und vergleicht sie inhaltlich mit Mills Utilitarismus. (Birnbacher 2003, 157) Platon steht auch mit der Begründung John Stuart Mill nahe, da er seine Tugendvorstellung nicht metaphysisch begründet, sondern durch Rückgriff auf Phänomene und Erfahrungen. Platons Plädoyer für die Gesundheit der Seele wird auch durch die heutige neurobiologische Forschung zur »kooperativen« Lebensform unterstützt (Bauer 2006), wenn auch nicht als Lebensentwurf begründet. Auch findet sich der von Platon in mehreren Dialogen betonte Gedanke, dass das Wohl der Teile und des Ganzen zusammenhängen (*Charmides, Staat VII, Timaios*), ebenfalls in der gegenwärtigen Diskussion über ökologische Nachhaltigkeit und über eine psychosomatische Medizin wieder.

Was seine zweite Frage, die nach dem Erkennen von Wirklichkeit, betrifft, so behauptet Platon mit seiner Ideenlehre keine jenseitigen, abgetrennten Wesenheiten, sondern versteht die Idee als praktisch erfahrbare Handlungsregel der empirischen Wirklichkeit, wie er am Beispiel des Zaumzeugs seine pragmatische Ideenlehre vom wirklichen Nutzen erläutert. Damit hat er Gedanken vorweggenommen, die unter der Rezeptionslast des Platonismus als einer Zwei-Welten-Lehre und dem damit verbundenen Misstrauen gegenüber einem niederen, weil bloß irdischen Nützlichkeitsdenken lange verschüttet waren, zumal Platon auch selbst Mühe hatte, sich vom Erbe der homerischen Götterwelt zu befreien und seine eigene Lösung zu entwickeln. Die Auffassung von Begriffen als Handlungsregeln (rules of action) fasst Charles Sanders Peirce (1839–1914), der Begründer des Pragmatismus, ähnlich in seiner »pragmatischen Maxime« der Begriffsklärung zusammen: »Überlege, welche Wirkungen, die denkbarerweise praktische Relevanz haben könnten, wir dem Gegenstand unseres Begriffs in unserer Vorstellung zuschreiben. Dann ist der Begriff dieser Wirkungen das Ganze unseres Begriffs des Gegenstandes.« (Peirce 1967, 339) Von derselben Maxime geht auch Platon implizit etwa in dem anfangs zitierten Beispiel von »Pferd« und »Esel« aus, ebenfalls in dem Paradebeispiel vom Zaumzeug. Das auf Peirce zurückgehende semiotische Dreieck von Zeichen, Bezeichnetem und Zeichenbenutzern ist der Sache nach ebenfalls bereits bei Platon angelegt.

Schwierigkeiten macht allerdings, dass Platons pragmatische Ideenlehre, ähnlich wie die »wissenschaftliche Methode« des Pragmatismus von Peirce (Martens 1992, 24f.), mit der Annahme objektiver, ewiger Strukturen verbunden ist, die auch Carl Friedrich von Weizsäcker am Beispiel vom Zaumzeug betont hat. Dadurch unterscheidet sich Platons objektiver Pragmatismus wesentlich vom subjektivistischen Pragmatismus oder Nützlichkeitsdenken eines Protagoras, aber auch eines William James oder John Dewey. (Martens 1992) Platons Behauptung ewiger Strukturen wurde freilich nicht nur von den Sophisten angegriffen, sondern auch später. Der

Bogen solcher Kritik reicht vom mittelalterlichen »Universalienstreit« über den »realistischen« oder »nominalistischen« ontologischen Status des Allgemeinen (Stegmüller 1965) über David Humes Empirismus bis zum heutigen radikalen Konstruktivismus. Nach Hume etwa können wir, wie bei den Schatten auf der Höhlenwand, lediglich statistische Zuordnungen von Erscheinungen vornehmen, die aufeinanderfolgen (post hoc), wir können jedoch nicht behaupten, dass sie in einem Kausalverhältnis zueinander stehen (propter hoc). Andererseits stellen sich beispielsweise Philosophen wie Bertrand Russell im Universalienstreit entschieden auf die Seite Platons als »Realisten«. (Russell 1967, 81)

Unabhängig von der problematischen Prämisse ewiger Strukturen sind auch die praktischen Konsequenzen von Platons Ideenannahme zu kritisieren. Platons Fixierung auf ein allgemeines Prinzipienwissen versperrt ihm trotz einiger Ansätze im *Kriton* und *Politikos* den Blick auf die konkrete Situation des Handelns und auf den Prozess der Urteilsfindung, etwa bei seiner starren Ständeordnung des *Staates* und bei den rigorosen Einzelbestimmungen der *Gesetze*. Es gelingt ihm nur ansatzweise, den Nutzen der Ideen- oder Prinzipienerkenntnis mit der empirischen Einzelfallanalyse und der Anwendung der Urteilskraft zu verbinden. Entschiedener als Platon verbindet dagegen sein Schüler Aristoteles Prinzipien- und Anwendungswissen: »im Allgemeinen nützt dem Fieberkranken Ruhe und Fasten, in einem einzelnen Falle aber nicht; ebenso wird der Lehrer im Faustkampf nicht allen dieselben Kampfgriffe beibringen« (Nikom. Eth. X 10, 1180 a). Für Aristoteles gibt es daher grundsätzlich keine einheitliche Vorstellung einer Idee des Guten und des guten Lebens (Nikom. Eth. I 1), sondern lediglich unterschiedliche Vorstellungen dessen, was gut ist, die es im Durchgang durch die Phänomene und in analytischer Arbeit einzeln zu prüfen und schließlich zu beurteilen gilt. Dabei ist nicht zu übersehen, dass Aristoteles mit seiner Methodenvielfalt des Erkennens (Nikom. Eth. VII 1) ebenfalls an Platon anknüpft, aber auch hier insgesamt konsequenter als dieser verfährt und stärker auf die konkreten Phänomene achtet. Auch Platons Primat des Gebrauchswissens wendet Aristoteles konsequent gegen Platons elitäre Auffassung politischer Führung und leitet aus ihm mehr Rechte für die Volksversammlung ab, als dieser ihr zubilligt. Während ein Geometer von einem Geometer geprüft werden sollte und ein Steuermann von jemandem, der selbst etwas davon versteht, gelte dies nicht für »Arbeiten, die auch von Nichtfachleuten beurteilt werden können. So kann z. B. von einem Hause nicht bloß der, der es gebaut hat, etwas verstehen, sondern es wird der, der es in Gebrauch genommen hat – und das ist der Hausvater –, selbst noch besser darüber urteilen, und ebenso der Steuermann über das Steuer noch besser als der Zimmermann, und über ein Essen der Gast und nicht der Koch.« (Polit. III 11, 1282 a) Obwohl auch Aristoteles an der Notwendigkeit des Expertenwissens festhält, schreibt er in gewissen Fragen, etwa bei der Wahl und Kontrolle der Beamten, auch den Laien aufgrund ihres Gebrauchswissens Sachverstand zu, zumal dann, wenn sich ihr Votum nicht in vereinzelten, sondern in vielen Stimmen ausdrückt.

Ähnlich wie Platons Antworten auf seine ersten beiden Leitfragen sind auch seine Antworten auf die Frage nach dem Sinn des Ganzen im Diesseits und Jenseits sowie auf die Frage nach dem Menschen trotz kritischer Rückfragen auch heute noch von mehr als bloß historischem Interesse. Fasst man etwa Platons Philosophenherrschaft als Forderung sachorientierter und moralischer Politik auf, ist sie weiterhin aktuell. Auch die »begründete Rede« (mythos) des platonischen Sokrates über die Unsterblichkeit der Seele als ewiges Leben des Geistes und sein Versuch, einen göttlichen Sinn des Weltganzen zu begründen, sind weiterhin diskussionswürdig, zumal er keine rationalen Beweise mit dem Anspruch auf eine Letztbegründung mittels einer intuitiven Ideenschau vorzulegen behauptet. Platons Antwort schließlich auf seine vierte Leitfrage, die nach dem Menschen, fasst seine vorangegangenen Antworten zusammen und enthält dieselben Stärken und Schwächen wie diese. Dabei bestimmen vor allem seine Überlegungen zur Unterscheidung von Ursache und Grund sowie sein humanistisches Menschenbild noch heute die philosophische Diskussion bis in die praktische Politik der Menschenrechte hinein.

Platons Philosophie ist trotz der notwendigen Kritik nicht nur in ihren Fragen und Antworten bis heute lesenswert. Sie kann darüber hinaus als Musterbild von Philosophie gelten, vor allem als Musterbild dafür, wie man zu philosophieren anfangen kann, und dies in einem doppelten Sinn. Historisch hat Platon zu Beginn der europäischen Kulturgeschichte als Erster in einem umfassenden Sinn mit der Philosophie angefangen und ein Musterbild entworfen, was Philosophie sein sollte. Systematisch dagegen nimmt seine Philosophie »von unten« ihren Anfang, von alltagssprachlichen Phänomenen und Erfahrungen her. Damit ist er das Musterbild eines anfänglichen Philosophierens.

Historisch bedeutet Platon einen Anfang der Philosophie zunächst inhaltlich im Hinblick auf die Breite seiner Themen. Sicher hat es bereits vor und parallel zu Platon Philosophie gegeben. Sieht man einmal von der nur wenig überlieferten Philosophie der Ägypter und Perser ab, auch von der Weisheitslehre des Konfuzianismus, haben bereits vor Platon in Europa die Vorsokratiker über die Entstehung, den Urgrund und den Sinn des Weltganzen philosophiert. Auch zeugen bereits die Helden- und Göttermythen Homers durchaus von einem rationalen Nachdenken. (Hübner 1985) Die Dramen eines Aischylos, Sophokles oder Euripides ferner stellen existenzielle Grundfragen dar, und die Sophisten schließlich behandeln außer ethischen auch sprach- und erkenntnistheoretische Fragen. Erst Platon aber hat die bis heute diskutierten Grundfragen – nicht nur – der europäischen Philosophie in ihrer ganzen Breite gestellt und in einen systematischen Zusammenhang gebracht.

Mit Platon hat die Philosophie ebenso in methodischer Hinsicht historisch gesehen angefangen. Als seine wichtigste

Methode gilt zwar meistens seine angebliche Dialektik als intuitive Schau jenseitiger Ideen. Eine so verstandene Dialektik aber ist, wie gezeigt wurde, lediglich ein Grenzbegriff göttlicher oder vollkommener Erkenntnis und wird außerdem bei Platon nie inhaltlich in ihren Ergebnissen dargestellt. Menschliche Erkenntnis ist Platon zufolge vielmehr nur in der Vielfalt miteinander vernetzter Methoden möglich und als Prozess des Philosophierens nie abgeschlossen. Er stützt sich nicht nach Art der Mythen Homers auf eine vermeintlich göttliche Inspiration oder auf ein ungeprüftes Wissen der Tradition. Er bleibt jedoch auch nicht, wie die sophistische Eristik, in einem bloßen Streit um Worte oder in einer anmaßenden Erfindung von Wirklichkeit stecken. Platon zeigt den Weg philosophischen Erkennens und deutet zumindest ein allgemeines Ideen- oder Strukturwissen an. Aus dem begrenzten menschlichen Denken und Erkennen folgt darüber hinaus die für Sokrates und Platon typische Haltung des beharrlichen Weiterdenkens, das sich nicht mit den jeweils erreichten Einsichten zufriedengibt. Darin ähnelt er Xenophanes: »Die Götter haben den Sterblichen nicht von Anfang an alles offenbart, sondern erst nach und nach finden diese suchend das Bessere.« (Diels/Kranz 1 1966, I 21, Fragm. 18) Weiterhin bedeutet Platon auch in begrifflicher Hinsicht einen historischen Anfang der Philosophie. Er knüpft an vorfindbare umgangssprachliche Vorstellungen und Erfahrungen an, nimmt elementare begriffliche Klärungen vor und entwickelt eine eigene Fachterminologie. Anhand seiner Philosophie kann man daher auch in begrifflicher Hinsicht die »Anfänge der Philosophie bei den Griechen« (Schadewaldt 1978) nachvollziehen und die »philosophische Terminologie« bis auf ihre Anfänge in den sokratischen Gesprächen »mit den Bürgern auf der Straße« zurückverfolgen (Adorno 1973, 48), wie vor allem an den zentralen Termini »eidos« und »arete« gezeigt wurde.

Systematisch gesehen stellt Platon auch insofern einen Anfang der Philosophie dar, als er natürliches, elementares und akademisches Philosophieren als Einheit miteinander verbindet. Vor allem die sokratischen Frühdialoge, aber auch die mittleren und späteren Schriften Platons knüpfen an das natürliche, alltagssprachliche Philosophieren der jeweiligen Gesprächspartner an, um es in einem Prozess des elementaren, problemorientierten Philosophierens zu prüfen und weiterzuentwickeln. Dabei führen die Überlegungen bei einem konsequenten Weiterdenken zu abstrakten Begriffsunterscheidungen und allgemeinen Prinzipien, die dennoch an die Ausgangsprobleme zurückgebunden bleiben. Allerdings bedeutet Philosophie beim späteren Platon statt der ursprünglich sokratischen Intention eines gemeinsamen Philosophierens von jedermann primär eine »akademische« Disziplin, die in seiner »Akademie« als wissenschaftlicher Forschungsstätte betrieben wurde und politisch zu einer elitären Philosophenherrschaft geführt hat.

Wegen der Fragen, die Platon gestellt, und wegen der Antworten, die er versucht hat, ebenso wegen seines anfänglichen Philosophierens lohnt es sich, trotz aller notwendigen kritischen Rückfragen auch weiterhin seine Schriften zu lesen. So kann man im persönlichen Bildungsprozess und im akademischen Forschungsprozess auch selbst weitere »Fußnoten« zu Platon hinzufügen, wie Alfred North Whitehead (1979, 91) die gesamte Tradition der europäischen Philosophie charakterisiert. Nicht zu unterschätzen ist auch das literarische Lesevergnügen angesichts seiner Mythen und Bilder sowie der trickreichen Wortgefechte mit den Sophisten. Platon ist nicht nur als Philosoph, sondern auch als Schriftsteller anregend. Nicht zuletzt kann auch das sokratisch-platonische Streben nach Weisheit im persönlichen und öffentlichen Leben als Vorbild philosophischer Lebenskunst in einer Zeit schwindender religiöser oder traditioneller Orientierung gelten. Allerdings kann Platon auch als warnendes Beispiel dienen, wie ein anfänglich offenes und lebendiges Denken autoritär und starr werden kann. Philosophieren kann nicht nur nützlich, sondern auch schädlich sein, bietet aber die Chance, sich selbstkritisch zu korrigieren.

Übersicht über Platons Schriften

Platons Schriften werden in der Regel in eine frühe, mittlere und späte Phase eingeteilt, wobei die interne Reihenfolge nicht sicher ist. Die folgende, allgemein übliche Einteilung erfolgt nach inhaltlichen, nicht ganz sicheren Kriterien und berücksichtigt nicht die als unecht geltenden Schriften. (Vgl. Erler 2006, Erler 2007)

Die frühen Dialoge sind: *Apologie*, Verteidigung des Sokrates; *Charmides*, Über die Besonnenheit; *Kriton*, Über das richtige Handeln; *Euthyphron*, Über das Fromme; *Gorgias*, Über die Redekunst; *Hippias* I, Über das Schöne; *Ion*, Über die Ilias; *Laches*, Über die Tapferkeit; *Protagoras*, Über die Sophisten; *Politeia (I)*, Über das Gerechte; *Euthydemos*, Über die Streitkunst; *Hippias* II, Über das Lügen; *Lysis*, Über die Freundschaft; *Menexenos*, Grabrede; *Menon*, Über die Tugend.

Die Werke seiner mittleren Phase sind: *Kratylos*, Über die Richtigkeit der Wörter; *Phaidon*, Über die Seele; *Symposion*, Über das Gute; *Politeia (II–X)*, Über den Staat; *Phaidros*, Über die Liebe; *Parmenides*, Über die Ideen; *Theätet*, Über das Wissen.

Zur späten Phase zählen: *Timaios*, Über die Natur; *Kritias*, Über Atlantis; *Sophistes*, Über das Seiende; *Politikos*, Über den Staatsmann; *Philebos*, Über die Lust; *Nomoi*, Über die Gesetzgebung; *Briefe*.

Siglen

a) Die Schriften Platons

Platons Schriften werden nach den Seiten und Abschnitten der Genfer Stephanus-Ausgabe von 1578 zitiert, zum Beispiel Theaet. 174 a–c; falls erforderlich, werden zur Präzisierung die Zeilenangaben hinzugefügt, zum Beispiel Theaet. 174 a 1–3.

Die Übersetzungen stammen weitgehend vom Verfasser, meistens in Anlehnung an Schleiermacher.

Abkürzungen (mit einigen Änderungen nach Erler 2006, 9 f.)

1. Sigle	2. latein. (griech.) Titel	3. deutsche Titel
Apol.	*Apologia Socratis (Apologia)*	Verteidigung des Sokrates
Charm.	*Charmides*	Charmides
Crat.	*Cratylus*	Kratylos
Criti.	*Critias*	Kritias
Crit.	*Crito*	Kriton
Epist.	*Epistulae*	Briefe
Euthyd.	*Euthydemus*	Euthydem
Euthyph.	*Euthyphro*	Euthyphron
Gorg.	*Gorgias*	Gorgias
Hipp. Min.	*Hippias Minor*	Der Kleinere Hippias (I)
Hipp. Mai.	*Hippias Maior*	Der Größere Hippias (II)
Ion	*Io*	Ion
Lach.	*Laches*	Laches
Leg.	*Leges (Nomoi)*	Gesetze
Lys.	*Lysis*	Lysis
Menex.	*Menexenus*	Menexenos
Men.	*Meno*	Menon
Parm.	*Parmenides*	Parmenides
Phaed.	*Phaedo*	Phaidon
Phaedr.	*Phaedrus*	Phaidros
Phlb.	*Philebus*	Philebos
Polit.	*Politicus*	Staatsmann
Prot.	*Protagoras*	Protagoras
Rep.	*Respublica (Politeia)*	Staat
Soph.	*Sophista (Sophistes)*	Sophist
Symp.	*Symposium*	Gastmahl
Theaet.	*Theaetetus*	Theätet
Tim.	*Timaeus*	Timaios

b) Andere Schriften

Deus est caritas	Papst Paul XVI., Deus est caritas, Enzyklika
Diog. Laert.	Diogenes Laertios, Leben und Lehre der Philosophen
Hist.	Thukydides, Historien (= Geschichte des Peloponnesischen Krieges)
Ilias	Homer, Ilias
KrV	Kant, Kritik der reinen Vernunft
Logik	Kant, Logik
Mem.	Xenophon, Memorabilien (Erinnerungen an Sokrates)
Metaph.	Aristoteles, Metaphysik
Nikom. Eth.	Aristoteles, Nikomachische Ethik
Odyssee	Homer, Odyssee
Phys.	Aristoteles, Physik
Polit.	Aristoteles, Politik
Werke u. Tage	Hesiod, Werke und Tage

Zitierte Literatur

Adorno, Th. W. (1973), Philosophische Terminologie. Bd. 1. Frankfurt a. M.

Bauer, J. (2006), Prinzip Menschlichkeit. Warum wir von Natur aus kooperieren. Hamburg.

Becker, O. (1964), Grundlagen der Mathematik in geschichtlicher Entwicklung. Frankfurt a. M.

Birnbacher, D. (2003), Mills Platon. In: Ders. / J. Siebert / V. Steenblock (Hg.), Philosophie und ihre Vermittlung. Hannover, 48–160.

Bordt, M. (1999), Platon. Freiburg i. Br.

Capelle, W. (Hg., 1963), Die Vorsokratiker. Stuttgart.

Damschen, G. (2003), Grenzen des Gesprächs über Ideen. Die Formen des Wissens und die Notwendigkeit der Ideen in Platons *Parmenides*. In: Ders. / R. Enskat / A. G. Vigo (Hg.), Platon und Aristoteles – sub ratione veritatis. Göttingen, 31–75.

Detel, W. (2006, zuerst 1998), Foucault und die klassische Antike. Frankfurt a. M.

Diels, H. / Kranz, W. (Hg., 1966, zuerst 1903), Die Fragmente der Vorsokratiker. Griechisch und Deutsch. Dublin/Zürich.

Dodds, E. R. (1997), Die Religion des gewöhnlichen Menschen im klassischen Griechenland. In: Ders., Der Fortschrittsgedanke in der Antike und andere Aufsätze zu Literatur und Glauben der Griechen. Zürich/München, 168–187.

Ebert, Th. (1994), Sokrates als Pythagoreer und die Anamnesislehre in Platons Phaidon. Stuttgart.

Erler, M. (2006), Platon. München.

Erler, M. (2007), Kleines Werklexikon Platon. Stuttgart.

Ferber, R. (2007), Warum hat Platon die »ungeschriebene Lehre« nicht geschrieben? München.

Frede, D. (1999), Platons »Phaidon«. Der Traum von der Unsterblichkeit der Seele. Darmstadt.

Frede, D. (2007), Platon: Wunsch und Begehren. In: U. an der Heiden / H. Schneider (Hg.), Hat der Mensch einen freien Willen? Die Antworten der großen Philosophen. Stuttgart, 25–38.

Gadamer, H.-G. (1991, zuerst 1978), Die Idee des Guten zwischen

Plato und Aristoteles. In: Ders., Gesammelte Werke. Bd. 7. Tübingen, 128–227.

Gaiser, K. (1963), Platons ungeschriebene Lehre. Stuttgart.

Hadot, P. (1991, franz. 1981), Philosophie als Lebensform. Geistige Übungen in der Antike. Berlin.

Hampe, R. (1979), Homer, Ilias. Neue Übersetzung, Nachwort und Register. Stuttgart.

Hampe, R. (1979), Homer, Odysse. Neue Übersetzung, Nachwort und Register. Stuttgart.

Hare, R. M. (1990, engl. 1982), Platon. Eine Einführung. Stuttgart.

Horn, Chr. (1998), Antike Lebenskunst. Glück und Moral von Sokrates bis zu den Neuplatonikern. München.

Hübner, K. (1985), Die Wahrheit des Mythos. München.

Kerschensteiner, J. (1975), Platon, Laches. Griechisch/Dt. Übers. und mit einem Nachwort hg. von J. K. Stuttgart.

Krämer, H. J. (1959), Arete bei Platon und Aristoteles. Heidelberg.

Martens, E. (1986), Platonischer Pragmatismus und aristotelischer Essentialismus. In: H. Stachowiak (Hg.), Handbuch pragmatischen Denkens. Bd. 1. Hamburg, 108–125.

Martens, E. (Hg., 1992, zuerst 1975), Pragmatismus. Ausgewählte Texte von Ch. S. Peirce, W. James, F. C. S. Schiller, J. Dewey. Stuttgart.

Martens, E. (1987), Platon, Parmenides. Griech./Dt. Stuttgart.

Martens, E. (2004, überarb. Ausg. von 1992), Sokrates. Eine Einführung. Stuttgart.

McDowell, J. (1973), Plato, Theaetetus. Übers. von J. M. London.

McDowell, J. (1998, engl. 1996), Geist und Welt. Paderborn.

Meier, Chr. (1993), Athen. Ein Neubeginn der Weltgeschichte. Berlin.

Meyer-Abich, K. M. (1997), Praktische Naturphilosophie. Erinnerung an einen vergessenen Traum. München.

Mittelstraß, J. (1985), Die geometrischen Wurzeln der Platonischen Ideenlehre. In: Gymnasium 92 (1985), 399–418.

Nestle, W. (1975, zuerst 1940), Vom Mythos zum Logos. Die Selbstentfaltung des griechischen Denkens. Stuttgart.

Nietzsche, F. (1988, zuerst 1885), Jenseits von Gut und Böse. Vorspiel einer Philosophie der Zukunft. In: G. Colli / M. Montinari (Hg.), Friedrich Nietzsche, Sämtliche Werke. Bd. 5. München.

Peirce, Ch. S. (1967, zuerst 1878), Wie unsere Ideen zu klären sind. In: K.-O. Apel (Hg.), Charles S. Peirce, Schriften. Bd. 1. Frankfurt a. M., 326–358.

Popper, K. R. (1957, engl. 1944), Der Zauber Platons. Die offene Gesellschaft und ihre Feinde. Bd. 1. Bern.

Ricken, F. (1995), Platon und Pragmatismus. Eine Interpretation von Platon, *Politeia* 509 b. In: Theologie und Philosophie. Vierteljahresschrift, 70. Jg., Freiburg/Basel/Wien, 481–493.

Riedweg, Chr. (2007, zuerst 2002), Pythagoras. Leben, Lehre, Nachwirkung. München.

Rippe, K. P. / Schaber, P. (Hg., 1998), Tugendethik. Stuttgart.

Rohde, E. (1980, zuerst 1894), Psyche. Seelencult und Unsterblichkeitsglaube der Griechen. Darmstadt.

Russell, B. (1967, engl. 1912), Probleme der Philosophie. Frankfurt a. M.

Schadewaldt, W. (1978), Die Anfänge der Philosophie bei den Griechen. Die Vorsokratiker und ihre Voraussetzungen. Frankfurt a. M.

Schäfer, L. (2005), Das Paradigma am Himmel. Platon über Natur und Staat. Freiburg/München.

Schmitt, A. (2007), Worin besteht die Sicherheit des Erkennens? Platons Ideenlehre und die Absicherung des Wissens in der Erfahrung. In: B. Reis (Hg.), Zwischen PISA und Athen. Antike Philosophie im Schulunterricht. Göttingen, 89–112.

Snell, B. (1955), Die Entdeckung des Geistes. Studien zur Entstehung des europäischen Denkens bei den Griechen. Hamburg.

Stegmüller, W. (1965, zuerst 1956), Das Universalienproblem einst und jetzt. In: Ders., Glauben, Wissen und Erkennen. Das Universalienproblem einst und jetzt. Darmstadt, 48–118.

Stenzel, J. (1959), Zahl und Gestalt bei Platon und Aristoteles. Darmstadt.

Suhr, M. (1992), Platon. Hamburg.

Vlastos, G. (1954), The Third Man Argument in the »Parmenides«. In: Philosophical Review 33 (1954), 438–448.

Weizsäcker, C. F. von (1981, zuerst 1971), Parmenides und die Graugans. In: Ders., Ein Blick auf Platon. Ideenlehre, Logik und Physik. Stuttgart, 16–45.

Whitehead, A. N. (1979, engl. 1929), Prozess und Realität. Entwurf einer Kosmologie. Frankfurt a. M.

Wieland, W. (1982), Platon und die Formen des Wissens. Göttingen.

Wolf, U. (1996), Die Suche nach dem guten Leben. Platons Frühdialoge. Reinbek.

Kommentierte Bibliografie

Textausgaben

Platonis Opera, hg. von J. Burnet. 5 Bde. Oxford 1900–07 (Standardausgabe des griechischen Textes, wird jetzt ersetzt durch E. A. Duke, Hg., Oxford 1995 ff.).

Platon, Werke, hg. von G. Eigler. Griech./dt. 8 Bde. Darmstadt 1970 ff., 2. Aufl. 1990 (übers. von F. Schleiermacher u. a.)

Platon im Kontext. Sämtliche Werke auf CD-ROM. Übers. von F. Schleiermacher, Berlin 3. Aufl. 2004.

Übersetzungen

Platon, Sämtliche Werke, hg. von W. F. Otto / E. Grassi / G. Plamböck, neu hg. von U. Wolf. Reinbek 1994 (übers. von F. Schleiermacher u. a., mit einer Gliederung der Hg.; die Übersetzung Schleiermachers ist zwar eng am Text, aber sprachlich veraltet und im Satzbau oft kompliziert; die Neuausgabe nimmt auch umstrittene Dialoge wie den *Theages* auf und enthält ausführliche Literaturangaben zu den einzelnen Dialogen).

O. Apelt (u. a.), Platon. 7 Bde. Sämtliche Dialoge. Hamburg 1988, Nachdruck der Ausgabe Leipzig 1916–26 (eine klare, gut lesbare Übersetzung; ausführliche Gliederung der Dialoge, nützliche Anmerkungen und Register).

Gesamtausgabe der Werke Platons, Einl. von G. Krüger / O. Gigon, übers. von R. Rufener. 8 Bde. Zürich/München 1960–67 (gut lesbare Übersetzungen).

Platons Werke. Übers. u. Kommentar, hg. von E. Heitsch / C. W. Müller. Göttingen 1993 ff. (die Werke sind neu übersetzt und mit einem ausführlichen durchgehenden Kommentar versehen; bisher sind erschienen: *Apologie*/Heitsch, *Gorgias*/Dalfen, *Kritias*/Nesselroth, *Lysis*/Bordt, *Nomoi*/Schöpdau, *Phaidon*/Ebert, *Phaidros*/Heitsch, *Philebos*/Frede, *Protagoras*/Manuwald, *Theages*/Döring).

Einzelne neue Übersetzungen mit griech. Text sind im Reclam Verlag erschienen: *Apologie* u. *Kriton* / Fuhrmann, *Charmides* / Martens, *Euthyphron* / Leggewie, *Ion* / Flashar, *Laches* / Kerschensteiner, *Menon* / Kranz, *Parmenides* / Martens, *Protagoras* / Krautz, *Der Sophist* / Meinhardt, *Symposion* / Paulsen u. Rehn, *Theätet* / Martens, *Timaios* / Rehn u. Paulsen.

Lexika

L. Brandwood, The Chronology of Plato's Dialogues. Cambridge (ermittelt die Chronologie u. a. nach sprachstatistischen Kriterien).

M. Erler, Kleines Werklexikon Platon. Stuttgart 2007 (kurze Inhaltsangaben zu sämtlichen Schriften Platons, mit Glossar und Personenregister).

R. Kraut (Hg.), The Cambridge Companion to Plato. Cambridge 1992 (Überblick über die einzelnen Schriften).

Chr. Schäfer (Hg.), Platon-Lexikon. Begriffswörterbuch zu Platon und der platonischen Tradition. Darmstadt 2007 (ausführliche Erläuterungen zu einzelnen Begriffen aus Sicht der platonistischen Zwei-Welten-Lehre).

Kommentare und Gesamtdarstellungen

M. Erler, in: Grundriss der Geschichte der Philosophie, begründet von F. Ueberweg. Die Philosophie der Antike, hg. von H. Flashar. Bd. 2/2. Basel 2007 (mit ausführlicher Bibliografie; siehe auch Erlers Werklexikon zu Platon).

P. Friedländer, Platon. 3 Bde. 3. Aufl. Berlin 1964–75 (Erstausgabe 1928; Bd. 2 u. 3 enthalten Kommentare zu den Schriften Platons, Bd. 1 behandelt verschiedene Aspekte wie Daimonion, Ironie, Mythos, Aletheia (zu Heideggers Platon-Interpretation), Platon als Atomphysiker u. a.).

H. Gauss, Philosophischer Handkommentar zu den Dialogen Platons. Bern 1952–67.

V. Hösle, Platon interpretieren. Paderborn u. a. 2004.

Fr. v. Kutschera, Platons Philosophie. Paderborn 2002 (Bd. 1: Die frühen Dialoge; Bd. 2: Die mittleren Dialoge; Bd. 3: Die späten Dialoge).

G. Vlastos, Platonic Studies. Princeton 1973.

Siehe auch die Kommentare zu einzelnen Werken Platons in der o. g. Werkausgabe von Heitsch/Müller.

Zu einzelnen Aspekten

G. Böhme, Platons theoretische Philosophie. Stuttgart/Weimar 2000.

A. Graeser, Platons Ideenlehre. Bern 1975 (eine sprachanalytische Darstellung).

M. Janka / C. Schäfer (Hg.), Platon als Mythologe. Darmstadt 2002 (Darstellung und Interpretation der Mythen Platons).

B. Kytzler, Platons Mythen. Frankfurt a. M. / Leipzig 1997 (Abdruck und Erläuterung der wichtigsten Mythen und Gleichnisse Platons).

G. Schiemann / D. Mersch / G. Böhme (Hg.), Platon im nachmetaphysischen Zeitalter. Darmstadt 2006 (mit Beiträgen u. a. zu Platon als Empiriker, zum Einen und Guten, zu Eros und Wissen, zur Philosophie der Technik).

Einführungen

J. Annas, Plato. A Very Short Introduction. New York 2003 (die renommierte Plato-Forscherin erläutert in knapper Form u. a. Themen wie die literarische Form der Schriften Platons, Liebe/Sex/Gender, Tugend, Seelenlehre und Ideenlehre).

M. Bordt, Platon. Freiburg i. Br. 1999 (zeichnet u. a. die Entwicklung Platons »von der Definition zu den Ideen« nach und verneint, dass Platon eine Zwei-Welten-Lehre vertreten habe).

R. Cavalier, Plato For Beginners. New York 1996 (das Komik-Buch enthält in witziger, populärer Schreibweise Informationen über den historischen Hintergrund, zu Sokrates, zu den Sophisten und zu Platons Philosophie; besonders für den Schulunterricht geeignet).

M. Erler, Platon. München 2006 (u. a. zu den Stichworten Erkenntnis, Sprache, literarische Form, Anthropologie, Idee, Prinzipienlehre, praktische Philosophie, Therapie der Seele, das gute Leben; ausführliche Bibliografie 226–247).

J. Mittelstrass, Platon. In: Klassiker der Philosophie. Bd. 1, hg. von O. Höffe. München 1981, 38–62 (eine sehr klare, kurze Einführung zu Platons Leben, Werk und Wirkung; siehe auch die Einführung von D. Frede in der Neuausgabe, München 2008, Bd. 1, 26–49).

G. Patzig, Platon. In: Klassiker des philosophischen Denkens. Bd. 1, hg. von N. Hoerster, München 1982, 9–52 (eine kritische sprachana-lytische Interpretation u. a. der Was-ist-das-Frage, der »Umwertung aller Werte«, der Unsterblichkeitsbeweise der Seele im *Phaidon* und der Ideenlehre).

B. Zehnpfennig (1997), Platon zur Einführung. Hamburg (gibt einen Überblick über die einzelnen Schriften Platons).

Weitere Einführungen (siehe »Zitierte Literatur«): Hare 1990, Suhr 1992.

Schlüsselbegriffe

Anamnesis »Erinnerung« mithilfe der Mäeutik oder Dialektik an das umgangssprachliche Vorwissen vom guten Leben und der arete (*Laches*), ebenfalls an das darin enthaltene Ideenwissen (*Menon*); die vorgeburtliche Ideenschau ist eine mythologische, nicht wörtlich zu verstehende Redeweise Platons.

Aporie »Ausweglosigkeit« am Ende der sokratischen Frühdialoge, die vordergründig ohne Ergebnis enden, oft aber eine Lösung erkennen lassen, etwa im *Laches*.

Arete »Bestform« eines Gegenstandes (die Schärfe des Messers) oder eines Lebewesens (die Schnelligkeit des Pferdes). Beim Menschen besteht die arete Platon zufolge in der Ordnung der Seelenteile unter Leitung der Vernunft; sie macht ihn zu einem »gesunden« Leben »tauglich«. Die Übersetzung mit »Tugend« ist ein eingebürgerter Notbehelf.

Besonnenheit Wörtl. »Gesundheit der Seele« (*Charmides*). Dieser Begriff hat eine doppelte Bedeutung: Als Ordnung der Seelenteile ist die Besonnenheit die Tugend der gesamten Seele, im griechischen Alltagsverständnis ist sie die Mäßigung oder Selbstbeherrschung des unteren, begierdehaften Seelenteils.

Chorismos Nach den Pythagoreern die erstrebenswerte Trennung der Seele vom Körper, die der platonische Sokrates im *Phaidon* ironisch auf die Spitze treibt und kritisiert. Nach der platonistischen Zwei-Welten-Lehre die von den Sinnendingen getrennte Existenz von Ideen als geistigen Gegenständen, deren Träger die Seele ist. Im *Parmenides* kritisiert Platon diese Vorstellung.

Demiurg »Baumeister«, der die ungeordnete Materie nach dem Muster der Ideen zu einem Kosmos oder geordneten Weltganzen formt.

Dialektik »Durchsprechen« von Wortbedeutungen oder Begriffen, um im Hinblick auf die Phänomene und in kontroversen Erörterungen die Strukturen der Wirklichkeit herauszuarbeiten.

Dihairesis »Einteilung« von Ober- und Unterbegriffen als Gliederung der Wirklichkeit selbst.

Eristik »Streitkunst« der Sophisten, bei der es um die Unterscheidung von Wortbedeutungen geht, nicht um eine sachliche Klärung.

Eros »Begehren« des wirklich Schönen, das den Körper, den Charakter und den Intellekt umfasst und die Ausgeglichenheit oder Harmonie der Seele (arete) bedeutet (*Symposion*).

Eudämonie Wörtl. »der gute Dämon, Geist«. Glück, glückliches Leben, das nicht nur im Besitz äußerer Güter besteht, sondern vor allem im Besitz der Tugend; gleichbedeutend mit dem guten Leben.

Gebrauchswissen Menschliches Wissen entsteht und bewährt sich im praktischen Umgang mit Gegenständen, Lebewesen und Situationen (*Rep. X*); es nimmt eine Mittelstellung zwischen dem göttlichen Wissen der Ideenschau und dem Scheinwissen der Nachahmungskunst Homers und der Sophisten ein.

Gerechtigkeit Ordnung oder Harmonie der drei Seelenteile.

Götter Platon kritisiert die Göttervorstellungen Homers und Hesiods als unmoralisch, sie seien ungeeignet zur Normierung des guten Lebens und moralischen Handelns (*Euthyphron*).

Gottesbeweis Nach dem kinetischen Gottesbeweis ist Gott der erste unbewegte Beweger oder unverursachte Verursacher von allem (Leg. X; vgl. Aristoteles Metaph. XII), nach dem kosmologischen Gottesbeweis ist er die Ursache für die Schönheit oder Ordnung des Kosmos (*Timaios*).

Gutes Leben Die Formung oder Bildung der ganzen Person nach dem Muster der arete und das entsprechende Leben und Handeln des Einzelnen und der Polis (*Staat*), verbunden mit der »täglichen Prüfung« des eigenen guten Lebens (*Apologie*).

Idee Wörtl. die »Gestalt« von Gegenständen und Situationen als gegliederte Struktur, die sich nicht in einer unvorbereiteten, mystischen Ideenschau, sondern nur in einem schrittweise erfolgenden Prozess erkennen lässt und sich als wirklich, nicht nur scheinbar nützlich für unser Leben und Handeln bewährt.

Idee des Guten Das wirklich Nützliche als Harmonie der Seelenteile und der Stände in der Polis (*Rep. VI*).

Kosmos »Ordnung, Schmuck« des Weltganzen und der Seelenteile.

Logos Vernunft – im Unterschied zum Mythos.

Lust Griech. »hedone«. Eine aus sinnlicher Lust und Erkennen »gemischte Lebensform« ist einer Lebensform vorzuziehen, die nur aus einem der beiden Elemente besteht (*Philebos*).

Mäeutik »Hebammenkunst«. Dialogmethode des Sokrates, mit der er, wie seine Mutter, die Hebamme Phänarete, ein Wissen nicht selbst lehrt, sondern seine Gesprächspartner beim Entwickeln eigener Einsichten unterstützt.

Mathematik Die pythagoreische Darstellung der Zahlen als gegliederte Gestalten (Geometrie) ist das Muster für die Vorstellung von Idee (*Euthyphron*); das Verständnis der Zahlen und Ideen als abstrakte Gestalten ist für Platon der geeignete Übergang zum abstrakten Denken (*Brief 7, Staat VII*). Das begriffsanalytische Denken der sokratischen Frühdialoge dagegen orientiert sich an der Kunst der Wortunterscheidung (Semantik) des Sophisten Prodikos, nicht an der Mathematik.

Metaphysik Wörtl. »was jenseits der (sinnlich wahrnehmbaren) Natur liegt«: der Sinn des Weltganzen und des Lebens, das Jenseits im Unterschied zum Diesseits.

Methode Wörtl. »Weg«. Das Verfahren des Erkennens ist die Dialektik, die aus mehreren Teilmethoden besteht: phänomenologische, hermeneutische, analytische und kontroverse Methode (*Laches*).

Mythos »Erzählung«, entweder als bloßes Märchen (für Platon die Mythen Homers) oder als »begründete Rede« (eikos mythos) über metaphysische Fragen, ohne letzte Sicherheit.

Nachahmungskunst Griech. »mimetike techne«. Ein scheinbares Wissen (wie es vor allem die Dichter und Sophisten haben) ohne Rückbezug auf ein Gebrauchswissen.

Natur Griech. »physis«. Das Wesen von etwas oder die menschliche Natur und die Natur des Weltganzen.

Philosophie Kognitives Streben nach Erkenntnis und affektives Begehren nach Weisheit.

Platonisch/platonistisch Die Lehre Platons als pragmatische Ideenlehre wird hier als platonisch bezeichnet, im Unterschied zu ihrer Rezeption als Zwei-Welten-Lehre (platonistisch).

Seele Griech. »psyche«. »Hauch, Atem«, der Homer zufolge den Menschen beim Tod verlässt und im Hades ein schattenhaftes Dasein führt; nach den Pythagoreern hat die Seele eine eigenständige Existenz und führt im Jenseits nach der Befreiung vom Leib ein seliges Leben reiner Wahrheitsschau. Für Platon ist die Seele der Ausdruck des geistigen Lebens oder des philosophischen Dialogs, der unbegrenzt weitergeht (*Phaidon*).

Sophia »Weisheit« als Tugend des obersten, vernünftigen Seelenteils.

Tapferkeit »Mannhaftigkeit«, die Tugend des mittleren, gutwilligen Seelenteils.

Tugend Siehe Arete.

Universalienstreit Der mittelalterliche Streit über den ontologischen Status des Allgemeinbegriffs geht auf den Streit zwischen Platon (reale Existenz) und den Sophisten (bloße Wörter und Bedeutungsfestlegung) zurück; das Universale ist nach Platon für alle in allen Situationen jederzeit »dasselbe« als gemeinsamer Orientierungspunkt des Redens und Handelns (*Phaidros*).

Utopie »Niemandsland«; Musterbild des guten Staates, der (noch) nicht existiert, aber annäherungsweise realisierbar ist (*Rep. VII*).

Wahrheit Die Wahrheit eines Satzes (Satzwahrheit), der mit der Wirklichkeit übereinstimmt (Korrespondenzwahrheit) und sich durch das Gebrauchswissen zu bewähren hat (pragmatische Wahrheit).

Wahrnehmung Griech. »aisthesis«. Bezieht sich auf die sinnlichen Erscheinungen und ist lediglich Meinung (griech. »doxa«); »Aufnehmen« der sinnlichen Phänomene, ohne sie als strukturiertes Phänomen zu verstehen.

Weisheit Siehe Sophia.

Wirklichkeit Die sinnlichen Phänomene und ihre allgemeine Struktur.

Wissen Griech. »episteme«. Bezieht sich zugleich auf die Sinnendinge und ihre Struktur (etwas *als* etwas verstehen), wahre Meinung mit Gründen. Wissen als reines Ideenwissen ist für die Menschen unerreichbar und den Göttern vorbehalten.

Zwei-Welten-Lehre Die Behauptung zweier getrennt voneinander existierender Bereiche oder Welten, nämlich Sinnen- und Ideenwelt, wird nicht von Platon selbst vertreten, sondern von ihm ausdrücklich kritisiert (*Parmenides*) und durch seine pragmatische Ideenlehre abgelöst (*Staat X*). Sie ist eine platonistische, keine platonische Lehre.

Zeittafel

um 8. Jh. v. Chr.	Homer
um 700	Hesiod
um 640–560	Solon
um 580/577–485/480	Xenophanes
um 500–428	Anaxagoras
um 570–496	Pythagoras
490–479	Perserkriege
495–429	Perikles
um 485–415	Protagoras

um 427 v. Chr.	Platon wird in Athen geboren
431–404	Peloponnesischer Krieg
404	Herrschaft der spartafreundlichen »dreißig Tyrannen« und deren Vertreibung durch die »Demokraten«
um 407	Platon begegnet Sokrates (um 469–399 v. Chr.) und wird sein berühmtester Schüler; Verzicht auf eine politische Tätigkeit
399	Platon verlässt nach dem Tod des Sokrates Athen; Aufenthalt bei dessen Anhänger Eukleides in Megara
um 399–389	Abfassung der Frühdialoge
um 389–387	Erste sizilianische Reise (Kontakt mit den Pythagoreern und Orphikern, Bekanntschaft mit Dion, vergeblicher Versuch, den Tyrannen Dionysios I. zu einer Philosophenherrschaft zu bewegen)
um 387/385	Gründung der Akademie (philosophische Lebensgemeinschaft und wissenschaftliche Forschung)
um 388–366	Abfassung weiterer Frühdialoge und der mittleren Dialoge
367	Zweite sizilianische Reise und Verbannung Dions

366	Aristoteles wird Mitglied der Akademie
um 365–361	Abfassung der späteren Werke
361	Dritte sizilianische Reise
357–354	Rückkehr Dions nach Syrakus, Vertreibung des Tyrannen Dionysios II., Ermordung Dions
um 357–347	Abfassung des *Siebten Briefs* und der *Gesetze*
347	Platon stirbt in Athen (Nachfolger als Leiter der Akademie wird sein Neffe Speusipp)
384–322 v. Chr.	Aristoteles
355	Gründung des »Lykeion«
203–269 n. Chr.	Plotin (Neuplatonismus)
354–430	Augustinus (christlicher Platonismus)
480–524	Boethius
529	Schließung der »heidnischen« Akademie Platons durch Kaiser Justinian und Gründung des ersten christlichen Klosters Montecassino
1401–1461	Nikolaus von Kues (Docta Ignorantia)
1484/85	Lateinische Übersetzung der platonischen Texte durch Marsilio Ficino in Florenz
1459–1521	Neugründung der platonischen Akademie in Florenz durch Cosimo de' Medici
1510/11	Raffaels Gemälde *Die Schule von Athen* in der Stanza della Segnatura des Vatikans
16./17. Jh.	Einfluss des mathematischen Platonismus auf Galilei und Kepler
17. Jh.	Verbreitung des Platonismus in England (Thomas Morus, Shaftesbury)
1804–1824	Erste vollständige deutsche Übersetzung der Dialoge Platons durch Schleiermacher
20. Jh.	Einfluss der Ideenlehre und Naturphilosophie auf die Logiker Bolzano und Frege sowie auf die Physiker W. Heisenberg und C. F. von Weizsäcker.